Einaudi Ragazzi

storie & rime

Collana diretta da
Orietta Fatucci

Seconda ristampa, febbraio 2020

ISBN 978-88-6656-441-6

www.edizioniel.com

STEFANO BORDIGLIONI

illustrazioni di
Federico Maggioni

Il CAPITANO e la sua nave

DIARIO DI BORDO DI UNA QUARTA ELEMENTARE

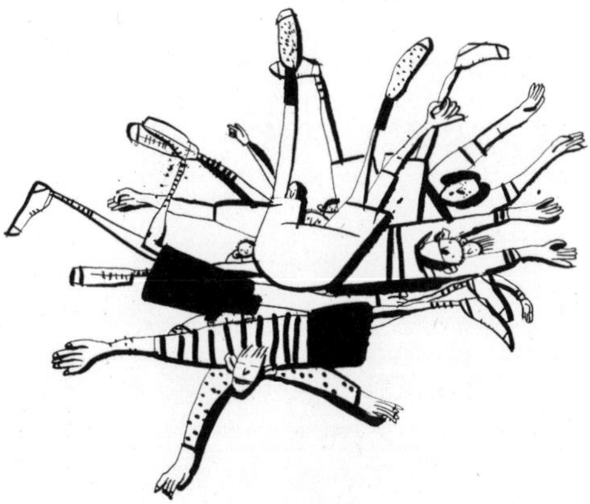

Einaudi Ragazzi

A Mussi, con affetto

Il CAPITANO e la sua nave

DIARIO DI BORDO DI UNA QUARTA ELEMENTARE

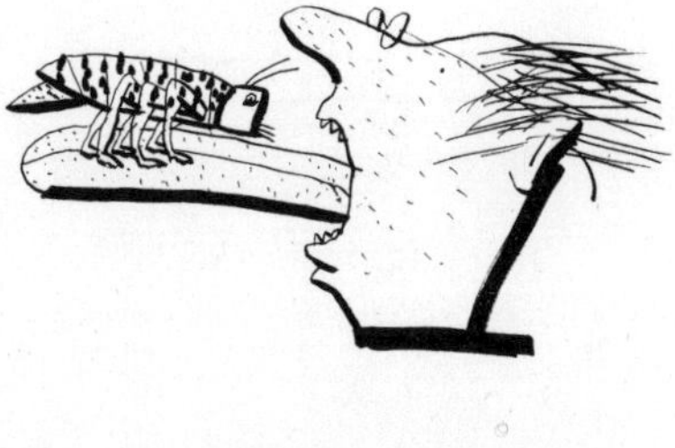

IL «LEGGIONE»

CAPITOLO 1

24 settembre 1999

L'ha rifatto. Il maestro ha ripetuto anche quest'anno che lui è come il capitano di una nave e che noi, la sua ciurma, gli dobbiamo obbedire senza fiatare. Ce l'ha detto in prima, ce l'ha ripetuto in seconda e anche in terza. Anzi, a pensarci bene, questa storia della nave e del capitano torna fuori ogni volta che lo facciamo arrabbiare.

Per questo ho deciso di scrivere questo diario di bordo. Su ogni nave che viaggia c'è qualcuno che tiene il diario di bordo e ci scrive sopra, giorno per giorno, tutte le cose che succedono durante la navigazione. Anche sulle navi del passato c'era.

Me l'ha detto Giacomo, quello che legge un sacco di libri e che tutti chiamano «secchione». Io questa cosa del «secchione» non la riesco proprio a capire: i secchi mica leggono! Giacomo, secondo me, lo dovrebbero chiamare «leggione», piuttosto che «secchione».

Anche a me piace leggere, ma non leggo tanto quanto Giacomo. A me piace di piú scrivere: il maestro dice che sono abbastanza portato e che non faccio troppi errori.

Io non lo so proprio se sono portato o se ci arrivo da solo, quello che so è che certe volte scrivo delle cose che a rileggerle mi fanno ridere e non mi sembra nemmeno di averle scritte io. Io non sono né un «secchione», né un «leggione»: sono uno «scrivone».

Comunque questo non c'entra. Allora, dicevo: Quinto, il nostro maestro, l'ha rifatto, e io ho deciso di tenere il diario di bordo della nostra classe.

Oggi il mare della quarta B della scuola «Gianni Rodari» è calmo e piatto. Niente onde e niente burrasche, niente correnti strane. L'unica cosa notevole di questa giornata è la nascita di questo diario.

E non mi sembra poco!

RISPARMIARE

CAPITOLO **2**

29 settembre 1999

Oggi mare mosso e vento forza quattro.

Oggi navigazione difficile: il mare è piuttosto mosso e tira da nord-ovest un forte vento di «maestrale». Nel senso che il maestro Quinto oggi urla come un matto e non si riesce a stare tranquilli un secondo.

Credo che abbia dormito male: oggi tutto sembra dargli fastidio.

Certo, Mario poteva risparmiarsi di far cadere la sedia di Luca con Luca sopra. Luca poteva risparmiarsi di tirare un pugno a Mario tanto per vendicarsi. Michele poi poteva provare fuori il suo nuovo aeroplano di carta, soprattutto se costruisce modelli cosí poco sicuri: è finito infatti proprio in faccia a Valentina e per poco non le cavava un occhio. Per fortuna non è successo niente e Valentina poteva quindi risparmiarsi tutte quelle lacrime e la lagna che ha fatto per mezz'ora. Infine Emanuele poteva risparmiarsi di fare lo sgambetto a Niccolò e Niccolò poteva risparmiarsi di sputare addosso a Emanuele. Tutti potevano risparmiarsi qualcosa.

Forse cosí il nostro capitano della nave avrebbe risparmiato un po' di fiato e noi un po' di nervi. Una classe dove tutti strillano e litigano assomiglia tanto a una gabbia di matti. Io, a dire il vero, una gabbia di matti non l'ho mai vista, ma immagino che sia proprio cosí. Insomma oggi, per la nostra nave, c'era vento forte e mare cosí mosso che avevo quasi voglia di vomitare.

Se mi impegno ci riesco davvero: una volta, siccome non avevo studiato una poesia, mi sono fatto venire il vomito in classe. Il maestro ha subito telefonato alla mamma. Lei mi è venuta a prendere, mi ha portato a casa e mi ha coccolato come quando ero piccolo.

La poesia non me l'ha chiesta nessuno!

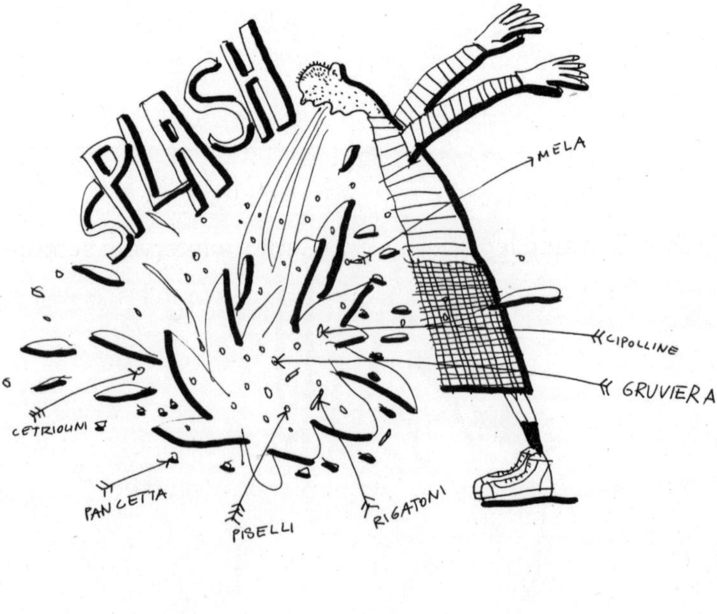

IL SINGHIOZZO

CAPITOLO 3

4 ottobre 1999

Oggi mare moderatamente agitato e vento di cure miracolose.

Oggi per la nostra classe navigazione a singhiozzo. Cioè, c'era Niccolò che aveva il singhiozzo e non riusciva a farselo passare. Stavamo leggendo e ogni tanto, a intervalli sempre uguali, arrivava da dietro un «hic!» schioccante e sonoro come una schioppettata. Fra noi bambini si sentivano risatine soffocate.

Capitan Quinto per un po' ha fatto finta di niente, poi però si vede che si è stufato: ha detto a Niccolò di andare in bagno a bere un bicchiere d'acqua.

Bere un bicchiere d'acqua pare che sia un rimedio miracoloso per il singhiozzo. Anche mia madre me lo fa fare quando mi viene. Anzi, lei mi fa bere un bicchiere dopo l'altro finché il singhiozzo non passa. Per fortuna non mi viene troppo spesso, altrimenti prima o poi mi toccherebbe affogare!

Quello di Niccolò però era un singhiozzo di quelli potenti e il bicchiere d'acqua non gli ha fatto un baffo. Quando è tornato a singhiozzare in classe le risate sono ricominciate e stavolta erano piú forti.

Il maestro allora ha fatto fermare la lettura e ha spiegato a Niccolò che doveva provare a respirare in fretta e a trattenere il fiato, per «rompere» il meccanismo del singhiozzo.

Niccolò ci ha provato: si è messo a respirare come un cane, con la lingua fuori. Poi ha trattenuto il fiato per un tempo lunghissimo, fino a diventare rosso. Noi lo guardavamo già preoccupati quando lui ha buttato fuori l'aria ed è tornato a respirare.

A respirare e a singhiozzare! Non appena si è ritrovato un po' d'aria nei polmoni, ha sparato infatti un «hic!» che sembrava una cannonata.

Tutti abbiamo cominciato a ridere fortissimo. Tutti meno il capitano: lui sembrava una bomba che sta per scoppiare. A un tratto ha fatto una cosa che nessuno si aspettava: si è voltato di scatto verso Niccolò e, battendo forte le mani sul suo banco, gli ha fatto «BUH!».

Niccolò si è spaventato e anche tutti noi.

«È ridicolo! – ho pensato io, – non crederà davvero che un singhiozzo come quello di Niccolò si possa sconfiggere con uno stupido BUH!»

Invece, roba da non credere, gli è davvero passato! Niccolò per lo spavento ha smesso di singhiozzare!

Il capitano di questa classe-nave ne sa davvero una piú del diavolo. O forse è molto fortunato...

IL DESERTO

CAPITOLO 4

19 ottobre 1999

Oggi mare poco e vento ancora meno.

Siamo andati a passeggio nella campagna dietro alla scuola. Il capitano ha parcheggiato la sua nave per un paio d'ore e ci ha fatti scendere a terra. Devo dire che è un vero sollievo: stare troppo in mare alla fine dà un certo senso di nausea, al punto che quando suona la campanella noi bambini di solito «sbarchiamo» come razzi, con urla di gioia.

Abbiamo preso una stradina che passa vicino a un canale e ci siamo messi a osservare la natura e le altre cose. Capitan Quinto ha detto che dovevamo notare tutto ciò che ci colpiva e che ci incuriosiva. Dovevamo ricordare come erano gli alberi, la terra, i fiori e tutto il resto perché poi, con il cambio delle stagioni, sarebbe cambiato tutto.

Dico la verità: questa cosa di «notare» anche le cose piú

strane non è che noi bambini la facciamo sempre, cosí ci siamo impegnati anche troppo. Gabriele ad esempio ha trovato una cacca per terra e voleva assolutamente sapere se era una cacca di iena; Giulia invece ha raccolto un uccellino morto e puzzolente e se lo voleva portare dietro perché diceva che era interessante; Giacomo pretendeva di scendere nel canale a tirare su un po' di melma e di alghe per motivi scientifici...

A parte qualche piccolo particolare, credo però che la passeggiata scientifica sia venuta bene: ad esempio abbiamo notato che ci sono alberi che in questo momento

perdono tutte le foglie e altri che invece se le conservano per tutto l'anno. Questi si chiamano «sempreverdi» e il maestro ci ha pure spiegato perché succede, ma mi venga un colpo se l'ho capito. Comunque ho fatto la faccia intelligente, perché se il capitano si accorge che non ci arrivi subito, poi dice cose poco carine come «Federico, hai la testa dura come un mattone!» oppure «Federico, stamattina sei sveglio come un ghiro in letargo!».

A un certo punto mi sono accorto che camminavamo vicino a un campo enorme e tutto vuoto.

– Guardate, il deserto! – ho detto io tutto entusiasta. Era un campo che scendeva con una gobba gigantesca fino al fiume e faceva proprio pensare alle dune del deserto. Ci mancava solo un paio di cammelli!

Marco si è messo a ridere come una iena che ha trovato un'antilope ferita e se la sta per pappare: – Ma che deserto, Federico! Questo è il campo di Fiorini, il contadino che abita lí. Qui ci ha appena seminato il grano e le piantine devono ancora nascere.

I miei compagni si sono messi a ridere e io sono diventato tutto rosso.

Per fortuna il capitano è venuto in mio soccorso e ha detto che sicuramente io volevo dire che quel campo ricordava

un po' un deserto e che anche lui la pensava cosí. Insomma, che avevo detto una cosa anche abbastanza interessante e intelligente.

Quei «ridacchioni» dei miei compagni sono tornati subito seri e a fare una figura cosí cosí è stato Marco.

Io avrei abbracciato Capitan Quinto per il sollievo. Per il resto della passeggiata, quel campo abbiamo continuato a chiamarlo «il deserto».

IL CANE E L'OSSO

CAPITOLO 5

3 novembre 1999

Oggi mare frizzante e vento di leggera follia.

Il capitano era infatti in vena di fare scherzi. Ogni tanto gli capita e certe volte fanno perfino ridere.

Per farla breve è andata cosí: ci siamo messi a giocare a «Il cane e l'osso», che è un gioco dove uno bendato fa il cane e deve proteggere il suo osso, un mazzo di chiavi; tutti gli altri, in cerchio attorno a lui, cercano di rubargli l'osso senza farsi sentire. Se il cane sente anche il minimo rumore deve abbaiare nella direzione giusta.

Abbiamo fatto la conta ed è uscito che Francesco doveva fare il cane.

Cosí noi ci siamo messi in cerchio e lui è rimasto in mezzo con le chiavi davanti. Il maestro poi l'ha bendato con la sciarpa di Tiziana e lui si è messo a quattro zampe sul

pavimento, proprio davanti all'osso, ad abbaiare come un cane vero.

A questo punto il capitano ha fatto la faccia da folletto dispettoso e noi abbiamo capito tutti subito che ne aveva pensata una. Ci ha indicato la porta e poi, in punta di piedi, è uscito. Noi tutti gli siamo andati dietro facendo sforzi per non ridere e in due secondi il povero Francesco è rimasto da solo in classe. A quattro zampe sul pavimento, in una classe vuota, ad abbaiare ai fantasmi, devo dire che Francesco faceva proprio ridere!

A me faceva ridere anche Michela, che è venuta fuori con

noi, però non aveva capito niente e faceva un gesto con la mano come a chiedere: «Che ci facciamo qui?».

Poi ci è scappato da ridere forte e Francesco si è tolto la sciarpa dagli occhi. Quando ha visto che era solo e che noi stavamo tutti in corridoio a ridere di lui, si è arrabbiato e ha cominciato a urlare che eravamo tutti dei vermi schifosi. Lui non ha mezze misure con le parole.

Sono sicuro che nel conto dei vermi schifosi Francesco ci aveva messo anche il maestro, ma lui ha fatto finta di non sentire. Ha cercato di calmare Francesco spiegandogli che era stato solo uno scherzo e lui un po' alla volta ha smesso di berciare.

Devo riconoscere che il capitano di questa strana nave ogni tanto s'inventa degli scherzi davvero divertenti, soprattutto se la vittima non sono io...

LA LAVANDERIA

CAPITOLO 6

6 novembre 1999

Oggi un mare di ricordi e vento che soffia dal passato.

Erano giorni che navigavamo chiusi in questa nave-classe e cosí oggi, prima giornata di sole, il capitano ha deciso di farci scendere a terra. Cioè siamo usciti a fare una passeggiata e abbiamo visto un po' di cose davvero interessanti. Siamo stati in un posto qui vicino, subito dietro alla scuola, però io a giocare lí non ci vado mai e cosí non lo conoscevo.

Per arrivarci bisogna passare su un ponticello che attraversa un canale. Subito di fianco al ponte, proprio vicino all'acqua, ci sono tre o quattro buche di cemento.

Valentina ha chiesto al maestro a che cosa servissero e lui ci ha spiegato che, fino a qualche anno fa, servivano a lavare i panni.

– Ma come facevano a infilare lí dentro le lavatrici? – ha chiesto quel tonto di Manuel.

Capitan Quinto allora ha provato a fare la faccia da arrabbiato, però gli veniva da ridere e non ci è riuscito.

Poi ha spiegato a quel salame che quei buchi non erano per le «lavatrici-macchine», bensí per le «lavatrici-donne». Lí entravano con le gambe le donne che andavano al fiume e lavavano i panni a mano.

Manuel ha fatto «Aaahhhh!!!!», ma si vedeva benissimo che non aveva capito niente.

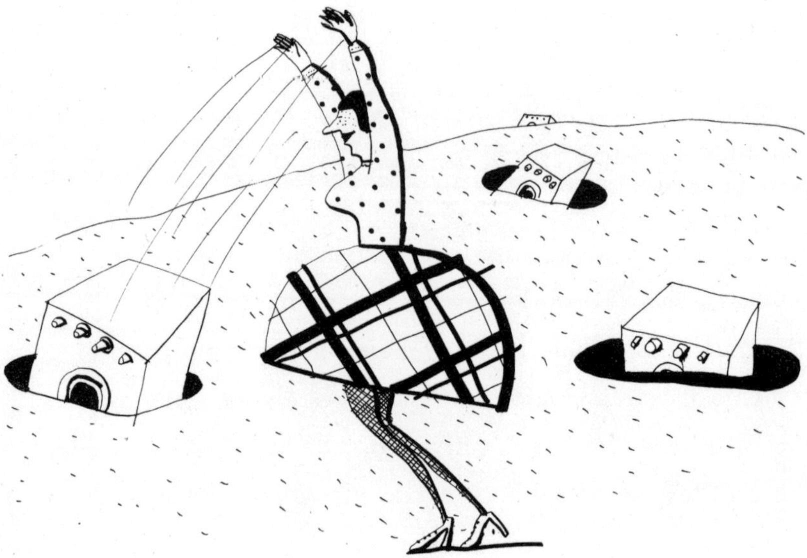

Allora Capitan Quinto è saltato giú in uno dei buchi e ha fatto finta di sbattere e strisciare uno straccio sulle pietre e nell'acqua.

Manuel finalmente ha capito, però non ci ha creduto.

Tutto sommato anche per me è un po' cosí: so che quello che racconta il maestro è successo davvero, però sono cose cosí lontane nel tempo che sembrano favole.

L'ARMADIO

CAPITOLO 7

10 novembre 1999

Oggi maretta e di nuovo vento di follia.

Il capitano era di nuovo in vena di scherzi. Stavolta è toccato a Emanuele. Stavamo facendo lezione di storia: una noiosissima lezione su un tipo che si chiamava Carlo Magno e di mestiere faceva l'imperatore.

A un certo punto Emanuele ha chiesto di uscire per andare al bagno. Io sono sicuro che voleva farsi solo un giretto perché si era stufato di stare lí in classe. Anch'io lo faccio ogni tanto. E sono sicuro che anche il maestro lo sapeva. Comunque gli ha detto di sí.

Appena Emanuele è uscito, il nostro capitano si è trasformato: ha fatto la faccia da folletto dispettoso e ci ha fatto segno di stare zitti. Noi gli abbiamo ubbidito subito: quando fa la faccia da folletto sappiamo già che sta per succedere qualcosa di strano e stiamo cento volte piú attenti che con Carlo Magno. Stava attentissimo anche Manuel, che di solito chiacchiera e si distrae.

Capitan Quinto si è precipitato alla porta e ci ha spostato contro un armadio di metallo che la copriva tutta. La porta si apre verso l'esterno e tutti abbiamo capito subito che cosa sarebbe successo: Emanuele, di ritorno dal bagno, avrebbe aperto e, invece della sua classe, si sarebbe trovato davanti una specie di muro.

A quel pensiero tutti abbiamo cominciato a ridacchiare. Il maestro ci ha di nuovo fatto segno di stare zitti e di aspettare.

Sono trascorsi quindici secondi di un silenzio cosí denso che si poteva tagliare a fette con un coltello. Poi si sono sentiti dei passi in corridoio e la porta che si apriva.

Quindi c'è stato un «OOOHHH!!!!» cosí sinceramente stupito che ci siamo tutti messi a ridere. Veramente «ridere» è un po' poco: è stata una valanga di risate, una cascata di risate, un fuoco d'artificio di risate!

Noi non potevamo certo vedere la faccia di Emanuele dietro alla porta ostruita, però ce l'immaginavamo senza sforzo.

Poi il capitano ha spostato l'armadio e il nostro compagno è potuto entrare. Rideva anche lui, ma era rosso come un gambero. Aveva anche le orecchie rosse!

IL TRAGHETTO

CAPITOLO 8

19 novembre 1999

Oggi mare molle e vento di guai.

Il nostro capitano, da buon vecchio lupo di mare, ha fatto una cosa incredibile: ha tamponato un traghetto! E mica con una barca a vela o con un motoscafo. Neanche con un monopattino e neppure a nuoto. Con un'automobile.

Ce l'ha raccontato Greta, perché il suo babbo fa il subacqueo, come il maestro, e ogni tanto vanno a fare immersioni insieme. Ha detto che Capitan Quinto ha fatto retromarcia per salire sul traghetto senza accorgersi di avere una portiera aperta. Cosí ha preso con la portiera contro una protezione della passerella e l'ha distrutta.

La portiera naturalmente, non la passerella e neppure la guida di protezione. Ha detto il papà di Greta che questa era fatta sicuramente con un metallo extraterrestre, perché sopra non c'era nemmeno un graffio.

Per questo il maestro oggi non strilla ed è molle come una mozzarella di bufala.

I miei compagni hanno riso un sacco a sentire la storia del tamponamento. Io invece devo dire che ne sono stato molto colpito e ora sono molto orgoglioso del mio capitano: nessuno dei miei amici infatti ha un maestro che è stato capace di tamponare un traghetto con un'automobile!

I PRIMITIVI

CAPITOLO 9

22 novembre 1999

Oggi mare calmo e vento di scoperta.

Oggi era una bella giornata e Capitan Quinto ha deciso di approdare e scendere in perlustrazione su un'isola deserta, per rifornire la nave di acqua e di cibo. Traduco: siamo andati a fare una passeggiata lungo il fiume e abbiamo giocato a fare i primitivi.

È andata cosí. Emanuele diceva che gli uomini primitivi stavano bene, perché vivevano a contatto con la natura, in un mondo senza inquinamento. Poi ha detto: – È vero maestro?

Il capitano ci ha pensato ben bene, poi ha risposto come fa sempre lui:

– Un po' vero sí e un po' vero no!

Quando risponde cosí mi dà ai nervi! Poi, per fortuna, per

farci capire che cosa voleva dire, si è inventato un gioco: ci ha divisi in cinque squadre da quattro bambini e ci ha dato mezz'ora di tempo per trovare lí in giro tutto quello che avremmo potuto mangiare.

Giorgia ha detto che era facile: bastava bussare a casa di qualche contadino, lí vicino, e qualcosa ce lo vendeva di sicuro.

Ma oggi il maestro giocava duro: niente contadini e niente comprare! Ha detto che gli uomini primitivi non andavano a fare la spesa e cosí lui voleva solo ciò che offriva spontaneamente la natura: frutta, erbe, bacche, tuberi... Ma anche piccoli animali, vermi, larve, insetti... Tutto ciò insomma che pensavamo si potesse mangiare senza morire.

Io sono capitato in squadra con Alice, Giacomo e Lorenzo, e insieme abbiamo rovesciato un bel pezzo di sponda di fiume. In mezz'ora abbiamo rimediato le seguenti cibarie:

- sei lombrichi (uno enorme)
- una rana
- due cavallette (una zoppa per colpa di Giacomo)
- un guscio di uovo rotto
- un pugno di erba con le foglie larghe
- una ventina di spighe di qualcosa

- quattro pallette bianche (erano sottoterra, il maestro li ha chiamati «bulbi»)
- una lucertola morta e un po' rinsecchita
- due girasoli appassiti.

Alice ha detto che quella roba le faceva schifo e che non l'avrebbe mangiata neanche morta. Giacomo le ha fatto giustamente notare che i morti non hanno alcun bisogno di mangiare e lei l'ha guardato malissimo.

La cosa piú incredibile è che abbiamo vinto la gara! Gli altri gruppi hanno trovato meno roba di noi e ancora piú schifosa della nostra.

Ci siamo sporcati in modo incredibile, però alla fine abbiamo capito una cosa: l'uomo primitivo respirava meglio di noi, però mangiava peggio. E anche molto peggio!

CACCHE E SPORTINE

CAPITOLO **10**

23 novembre 1999

Oggi mare liscio come l'olio e vento di libertà forza dieci.

Incredibile! Chi l'avrebbe mai detto?! Il nostro maestro-capitano ci ha portati fuori per il secondo giorno di seguito!

Giorgia dice che si dev'essere ammalato, invece secondo Annika si è innamorato di qualche ragazza. Io non so che cosa gli sia successo e non mi importa neppure tanto. So solo che anche oggi ce ne siamo andati a spasso per la campagna fino al fiume e per un paio d'ore ce la siamo davvero spassata.

Naturalmente non abbiamo solo riso e scherzato. Abbiamo anche osservato con cura tutto quello che ci circondava e abbiamo imparato un sacco di cose.

Ad esempio Giulia ha imparato che bisogna fare bene

attenzione a dove si mettono i piedi. Infatti lei ha pestato una cacca. E mica una minuscola cacchina di pecora o di cane: un'enorme cacca di mucca grande come una pizza margherita. Giulia è schizzata su come un razzo quando se n'è accorta, ma tanto ormai il danno era fatto. Noi abbiamo riso come dei matti, anche perché era una cacchetta bella fresca e puzzava come solo le cacchette pestate sanno puzzare.

Giulia naturalmente non rideva. Era diventata rossa rossa e ripeteva:

– Che schifo! Che schifo!...

Voleva addirittura togliersi la scarpa sporca, ma Capitan Quinto non gliel'ha permesso. L'ha mandata a strisciare bene il piede in mezzo all'erba alta e per consolarla le ha detto che pestare cacche porta fortuna.

Non so se Giulia ci abbia creduto sul serio. Per quello che mi riguarda, questa faccenda devo dire che non mi convince per niente: se quello che dice il maestro delle cacche e della fortuna fosse vero, allora perché la gente fa di tutto per non camminarci sopra? Se davvero quella roba lí portasse fortuna, per la strada sarebbe tutto un pesta-pesta, un *cic-ciac*, un *plaf-plaf*!

Comunque la cacca di mucca di Giulia non è stata la sola porcheria che abbiamo visto oggi. Ad aspettarci al fiume c'era di molto peggio! Quando ci siamo arrivati, siamo rimasti tutti a bocca aperta come baccalà.

Il fatto è che, appese ai rami degli alberi sulle rive, c'erano centinaia di sportine, stracci, cartacce e schifezze varie. Sembrava che la moglie di qualche gigante della zona avesse fatto il bucato con la spazzatura e l'avesse steso ad asciugare. Era uno spettacolo molto piú disgustoso della cacca di mucca!

– Ma chi ce l'ha messa lí quella robaccia? – ha chiesto Michela scandalizzata.

– L’acqua... – ha risposto il maestro Quinto con la voce triste.

Poi ci ha spiegato che c’era stata una piena qualche giorno prima e l’acqua del Rabbi era salita e aveva trascinato a valle tutto ciò che gli uomini avevano gettato vicino alle sue rive piú a monte. Quando il livello della piena era sceso, le sportine e tutto il resto erano rimasti attaccati agli alberi che erano stati sommersi. Il capitano ci ha spiegato che l’acqua ha una gran forza e che è capace di trascinare per chilometri cose anche pesantissime.

Io sulla forza dell’acqua non discuto: ci credo ciecamente. Quello che però non riesco a capire è come si fa a sporcare una campagna e un fiume cosí belli in questo modo orribile.

Se fossi un giudice, condannerei quegli zozzoni che buttano tutto dove gli pare a girare per un paio di mesi con stracci e sportine di plastica sfondate appesi alle braccia e in testa!

LA PARTITA DI CALCIO

CAPITOLO **11**

1 dicembre 1999

O*ggi mare mooooolto mosso e vento forza Milan.*

Nel senso che oggi abbiamo giocato una partita di calcio. Abbiamo giocato contro la quarta A e Capitan Quinto ha fatto l'arbitro. Lo sapevamo già che avremmo perso. Lo sapeva benissimo anche il maestro, visto che ci ha insegnato lui a giocare a calcio. Non ce n'è uno fra noi che ci prenda nemmeno un po'. Una squadra di calcio vera non ci terrebbe neppure per fare i raccattapalle!

Nell'altra classe invece ci sono quattro o cinque campioncini del San Martino in Strada, gente che, solo da come corre, capisci che gioca a calcio da quando aveva tre anni.

Noi gliel'abbiamo detto al capitano che preferivamo giocare a pallavolo, visto che tre delle nostre compagne sono piuttosto brave e che quelli della A invece non sanno neppure da che parte si comincia. Ma lui niente!

– Oggi impariamo a perdere! – ha detto con il tono di chi dice una frase importante.

Io non credo di aver nulla da imparare in proposito: sono uno dei piú grandi «perditori» che conosco. Perdo a carte con mia cugina, a dama con la mamma e a scacchi con il nonno; nelle gare di corsa arrivo regolarmente ultimo e se facciamo una gara a chi sputa piú lontano rimango senza saliva. La mamma dice che sono solo un po' emotivo, ma io so che sono un perdente, un fenomeno della sconfitta, un campione dello zero! Non ho niente da imparare io a proposito di perdere.

Comunque Capitan Quinto non ha voluto sentire ragioni e ci ha disposti in campo.

– Non è importante vincere, bambini, l'importante è fare del proprio meglio! – ci ha detto per gasarci. – Gli altri si aspettano di fare polpette di voi. Fategli vedere che non vi arrendete cosí facilmente, mettetecela tutta!

Abbiamo perso diciassette a zero ed è successo di tutto: io mi sono fatto male a un ginocchio, Debora ha preso una pallonata in faccia e le è sanguinato il naso, Lorenzo, Marco e Gianluca si sono stancati cosí tanto che dopo giuravano di avere la febbre e hanno detto che domani non vengono a scuola. Camilla e Valentina invece non erano stanche per niente. Camilla perché ha il fisico e corre come un cammello. Valentina invece perché non ha corso per niente.

Loro hanno fatto tutti almeno un gol, anche il portiere. Il loro cannoniere ne ha segnati cinque.

Noi non ne abbiamo fatto neppure uno, a parte un clamoroso autogol di Giacomo, il nostro portiere, che si è sparato la palla dalla parte sbagliata.

Marco gli ha detto che lui ha il «piede a banana» e Giacomo ci è rimasto male perché ha capito subito che quella doveva essere un'offesa.

Io penso che la faccenda del piede a banana di Giacomo sia assolutamente vera, però credo che non sia il solo. Secondo me tutti noi della quarta B abbiamo i piedi a forma di frutta: c'è chi ce li ha ad ananas e chi a pera, qualcuno a fragola e qualcuno a cocomero.

Quello che è certo è che nessuno di noi ha i piedi del giocatore di calcio!

Quando il capitano ci ha riportati a bordo della nave (in classe), ci ha fatto i suoi complimenti. Ci ha detto: - Bravi! Non vi siete arresi e siete stati molto sportivi. Bravi davvero!

Mentre diceva cosí però aveva una strana espressione sulla faccia: mi ricordava quella che fa mia madre quando va dal pescivendolo a comprare i molluschi e quelli freschi non ci sono piú.

LORENZO IN PALESTRA

CAPITOLO **12**

7 dicembre 1999

Oggi di nuovo maretta e vento di scherzi.

Siamo stati in palestra con Capitan Quinto e abbiamo fatto le nostre due normali ore di ginnastica. Cioè, abbiamo giocato fino a sfinirci, abbiamo litigato, Greta e Gabriele hanno pianto, io mi sono sbucciato un ginocchio, Marco si è fatto un livido grosso come una mela, Alice e Annika se le sono date, Manuel ha spedito un pallone in orbita sotto le travi del soffitto della palestra, Gianluca ha perso una maglia e il maestro ha giurato che in palestra non ci porta piú.

Del resto lo dice tutte le volte che veniamo a fare ginnastica e ormai lo sappiamo che non dice sul serio.

Alla fine della lezione, Capitan Quinto ha mandato avanti Lorenzo a riportare alla bidella non so che chiave. Io ero già pronto e ho visto Lorenzo trottare nel giardino della scuola e poi sparire nell'edificio. Marco invece era ancora negli spogliatoi a cambiarsi e non ha visto né sentito proprio niente.

Cosí, quando è stato il momento di chiudere la palestra e tornare indietro, eravamo diciannove bambini e non venti.

Capitan Quinto, quando ci spostiamo, ci mette sempre in fila due per due e ci conta. Una volta ha detto che ci contava «come le pecore» e Debora se l'è presa: – Maestro, ma questa è un'offesa! – ha esclamato indignata.

– Sí, per le pecore... – ha risposto con un ghigno il nostro feroce capitano.

Insomma, ha contato diciannove bambini e poi ha chiuso a chiave la porta della palestra.

– E Lorenzo? – ha chiesto a un certo punto Marco, che non vedeva nella fila il suo amico preferito.

– Sarà ancora dentro, – gli ha risposto con disinvoltura il nostro bugiardissimo capitano. – Cosí impara a cambiarsi in fretta la prossima volta.

Io non ci avrei mai creduto a una balla del genere: se il maestro ci conta e ci riconta in continuazione è perché ha paura di perdere qualcuno, non per ripassare i numeri fino a venti. Figuriamoci se abbandonerebbe di proposito uno di noi da qualche parte! Sí, ogni tanto lo dice, però non lo farebbe mai.

Quel sardone di Marco invece ha «beccato» all'amo dello scherzo e ha cominciato ad agitarsi. Ha cominciato a gridare «Lorenzo! Lorenzo vieni fuori!» e a battere sulla porta a vetri della palestra. Poi ha minacciato il maestro di chiamare il Telefono Azzurro, la polizia, i carabinieri, i pompieri...

Quindi si è rimesso a battere sul vetro della porta finestra e a gridare, rifiutando di muoversi.

Noi bambini ce ne stavamo zitti a guardarlo e molti fra noi ridacchiavano perché Lorenzo lo sapevano bene dov'era.

Poi il capitano ha deciso che lo scherzo era durato abbastanza e ha detto a Marco che nella palestra non c'era nessuno, che Lorenzo era già in classe.

Marco naturalmente non gli ha creduto e abbiamo dovuto giurare anche tutti noi compagni che le cose stavano proprio cosí.

Marco allora si è convinto: ci ha detto una fila di parole che qui non posso ripetere e si è lasciato riportare in classe.

Ora dico io, Marco è veramente un salame. Però è anche un vero amico: chi altri si sarebbe azzardato a disobbedire e addirittura a minacciare il capitano per cercare di aiutare un compagno? Io non so se l'avrei fatto...

I CERCHI NELL'ACQUA

CAPITOLO 13

18 dicembre 1999

Oggi mare e vento a piacere, tanto siamo scesi a terra.

Stavolta però non ce ne siamo andati a spasso cosí, senza meta. Siamo andati dritti filati al ponticello sopra al canale perché dovevamo fare un esperimento scientifico.

Capitan Quinto ci voleva spiegare come funzionano le onde sonore e ha detto che con acqua e sassi avremmo capito benissimo.

– Acqua e sassi? – mi ha chiesto Lorenzo. – E che c'entrano acqua e sassi con i suoni?

Naturalmente io non ho saputo rispondergli, ma neppure Giacomo stavolta ne sapeva nulla.

Sul ponte il maestro ha cominciato a lanciare sassi

nell'acqua e noi, per dargli una mano, abbiamo spedito un'intera frana di sassolini e pietroni in fondo al canale.

Il capitano allora si è arrabbiato e ci ha ordinato di smettere.

Ha voluto che osservassimo bene i cerchi che si allargavano sull'acqua dal punto in cui toccava il suo sasso.

– La stessa cosa succede con i suoni e con i rumori, – ha detto poi con il tono del maestro che fa lezione. – Un suono cade nell'atmosfera come un sasso e attorno a lui si allargano velocissime le onde sonore, fino a diventare deboli e scomparire.

Noi bambini siamo rimasti un po' lí a riflettere e a lanciare sassi. Poi siamo tornati in classe. Questa cosa delle onde sonore non so se è proprio vera, però mi deve aver impressionato molto: ora, quando parlo con qualcuno, mi sembra davvero di vedere dei cerchi che gli escono dalla bocca e si allargano intorno a lui. E li vedo pure a colori! Ad esempio, sono cerchi grigi e storti se a parlare è quel salame di Manuel o quella noiosa di Valentina. Sono gialli a pallini rossi se parla quel matto di Marco. Quando parlo con Alice vedo invece cerchi azzurri con i cuoricini.

Chissà che cosa vedono gli altri quando parlo io?

DANZA DI NATALE

CAPITOLO 14

22 dicembre 1999

Oggi mare sulle punte e vento di valzer.

Nel senso che abbiamo danzato. Lo facciamo abbastanza spesso, ma stavolta era un'occasione speciale: era la danza di Natale. Ci riuniamo nell'atrio assieme a tutti gli altri bambini della scuola: qualcuno recita poesie, qualcuno canta una canzone e qualcuno esegue una danza. Quest'anno a noi è toccata la danza.

E fin qui non ci sarebbe stato niente di male, se non fosse che fra noi c'è uno dei piú gran pasticciatori di danze di tutti i tempi: Giacomo. Lui è un genio con i libri, ma per ballare è assolutamente negato. Sembra che abbia i piedi scollegati dal cervello, che scelgono autonomamente in che direzione andare, quando muoversi e quando fermarsi. Insomma, quando danza ha la grazia di un mammut ubriaco.

Cosí è successo che abbiamo provato per settimane una danza molto carina nella quale dovevamo girare in cerchio tenendoci per mano a due a due, poi fermarci e lasciare il compagno. A questo punto, quelli che si trovavano nel cerchio piú esterno dovevano girarsi, fare tre passi all'indietro e cambiare il compagno di danza. Poi si ricominciava da capo.

Capitan Quinto non è un grande ballerino, però non è neanche uno stupido: ha messo Giacomo nel cerchio interno, quello dei bambini che dovevano restare assolutamente fermi. In questo modo, nonostante il nostro «leggione» facesse di tutto per sabotarla, dopo una ventina di prove siamo riusciti a concludere la danza in maniera accettabile.

Il giorno della festa, nell'atrio della scuola, io ero sicuro che avremmo fatto un figurone. Il maestro non doveva essere altrettanto tranquillo, perché correva di qua e di là a raccomandarsi di fare bene la tal cosa, di non dimenticare la tal altra, eccetera.

Giacomo poi l'ha praticamente minacciato: io non ho sentito che cosa gli ha detto, però il mio compagno ha spalancato gli occhi in modo esagerato: sembravano due enormi uova all'occhio di bue.

Probabilmente, cosí facendo, il nostro vecchio lupo di mare, nonché maestro di ballo, ha commesso un grave errore. Giacomo infatti si è emozionato al punto che è riuscito a fare molto peggio del solito. Oppure l'ha fatto apposta: non lo sapremo mai, anche perché dopo si è rifiutato di parlarne anche con noi.

Insomma, è successo che la nostra danza è filata liscia fino al cambio di compagno. Poi Giacomo ci ha messo lo zampino ed è successo il disastro.

Anche se era nel cerchio interno e doveva restare fermo, il nostro mammut ubriaco ha pensato bene di tornare indietro anche lui e ha investito il compagno che lo seguiva facendolo cadere; poi, chissà perché, ha cambiato cerchio e si è infilato contromano in mezzo ai compagni che stavano muovendosi in senso contrario. Quattro bambini sono finiti a terra. Gli altri, appena la musica è ripartita, hanno ricominciato a saltellare trovandosi fra i piedi i compagni crollati a terra. Qualcuno, come me ad esempio, si è fermato perché non ci capiva piú niente.

Risultato: la danza completamente rovinata e Capitan Quinto inferocito oltre misura. I bambini delle altre classi invece ridevano e applaudivano come matti. Qualcuno ha pure chiesto il bis. Naturalmente Capitan Quinto non ci ha

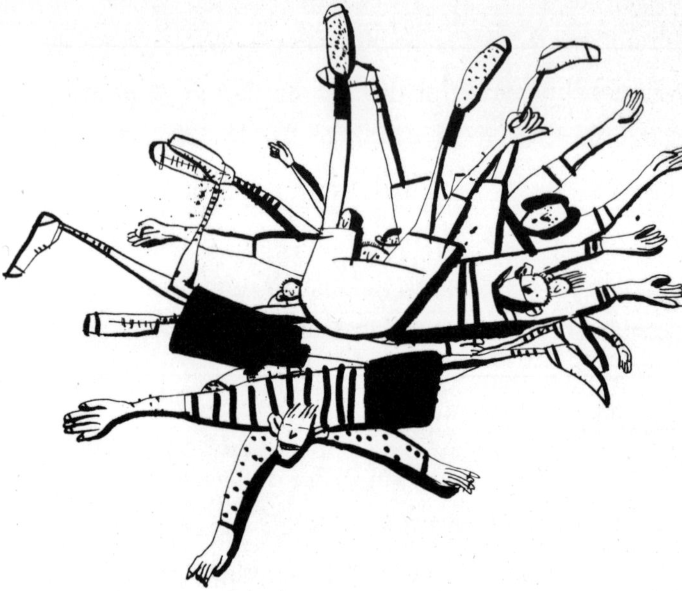

permesso di farlo. Anzi, quando ci ha riportati in classe, ci ha spiegato con parole sue che cosa pensava di noi come ballerini. Ovviamente sono corse parole che su questo diario di bordo non posso scrivere.

Giacomo ha ascoltato tutto rosso come un peperone, però io ho visto che, quando il maestro non lo guardava, gli veniva da ridere.

DOMANDE VERE E DOMANDE FINTE

CAPITOLO 15

8 gennaio 2000

O*ggi burrasca e vento di tutti i colori...*

Oggi siamo stati a pittura, nell'aula di disegno. È una stanza bella grande dove teniamo colori a tempera e pennelli. Ci sono anche un bel po' di grembiuli, perché quando dipingiamo, noi bambini distribuiamo il colore in parti uguali: metà sui fogli e l'altra metà tutt'intorno.

Oggi poi la percentuale di colore che è finita sulla carta è stata molto piú bassa del solito...

Ha cominciato Giorgia: stava litigando con Valentina perché tutte e due volevano colorare lo stesso tetto, della stessa casa, dello stesso disegno. E cosí, a un certo punto, Giorgia ha fatto una striscia rossa con il pennello sul grembiule della compagna. Valentina non è stata certo a guardare e ha dipinto un bel paio di baffi verdi sulla pancia di Giorgia. La cosa dev'essere piaciuta abbastanza, perché in pochi secondi tutta la classe era impegnata in una serie di eccitanti duelli a colpi di pennello.

Capitan Quinto era uscito un attimo ad appendere un paio dei cartelloni già fatti. Quando è rientrato è scoppiato come un temporale d'estate: ha fatto un urlo che ha tremato anche il colore nei bicchieri.

Noi ci siamo bloccati come delle statue e abbiamo perfino trattenuto il respiro. Poi il maestro ci ha chiesto con la voce del tuono se per caso eravamo impazziti tutti e quel salame di Mario ha risposto di sí.

Ora, ci sono domande alle quali bisogna rispondere, e domande davanti alle quali bisogna invece restare assolutamente in silenzio. Tutti noi sappiamo distinguere le domande vere dalle domande finte. Tutti meno quel somaro di Mario: lui parla sempre, anche quando invece sarebbe meglio per tutti che stesse zitto.

Cosí il capitano, che già era furioso, si è trasformato in un mostro marino, in uno squalo tigre affamato, in una piovra a digiuno da un mese... Ci ha fatto mettere via pennelli e colori e ci ha riportato in classe a scrivere un dettato noiosissimo. Ha detto pure che a pittura non ci riporta piú finché non siamo diventati piú maturi.

Io, dicendo piú maturi, spero che non parlasse anche di Mario, sennò a pittura non ci andiamo piú. Infatti sono quasi sicuro che lui, salame com'è, passerà direttamente da «acerbo» a «marcio» senza transitare per il «maturo».

LA NEVE

CAPITOLO 16

21 gennaio 2000

Oggi mare completamente bianco e vento di belle palle di neve.

Stavamo facendo un problema di matematica quando ha incominciato a nevicare. Era uno di quegli assurdi problemi dove un rubinetto gocciola, una vasca si riempie e bisogna dire in quanto tempo questo avverrà. Io penso che i rubinetti sarebbe il caso di chiuderli per bene, cosí non ci sarebbe bisogno che dei poveri bambini ci si rompano la testa sopra.

Comunque, appena ci siamo accorti che stava nevicando, abbiamo semplicemente cancellato il problema dalla nostra mente. Ci siamo messi a guardare fuori: una specie di onda elettrica attraversava la classe. Non riuscivamo a pensare che alla neve e alle «pallate» che avremmo fatto in giardino.

Io sono un campione di pallate: sono capace di tirare

cinquanta palle di neve al minuto. Sono una specie di mitragliatrice umana caricata a neve. Perfino i bambini di quinta hanno paura ad affrontarmi dopo avermi visto in azione l'anno scorso. Fra me e la neve c'è una simpatia naturale: se fossi nato animale, invece che uomo, credo che mi sarebbe piaciuto essere una volpe delle nevi. Piccolo, ma instancabile e furbo. Cosí mi vedo io.

Per tornare a oggi, a un certo punto Capitan Quinto si è reso conto che da un bel po' io e i miei compagni non combinavamo piú niente e cosí si è arrabbiato.

Neanche tanto, a dir la verità, perché la neve piace pure a lui e cosí capiva il nostro entusiasmo.

Ha fatto un po' di predica sui lavori che non vanno lasciati a metà, sul fatto che avevamo un dovere da compiere, una responsabilità... Poi si è arreso e ha aperto tutte le finestre della classe: l'aria era abbastanza fredda, ma cosí riuscivamo a vedere i fiocchi che scendevano sempre piú fitti dal cielo.

A guardare all'insú si vedeva tutto un brulichio di neve che faceva venire in mente la televisione quando si guasta; a guardare in basso invece ci si allargava il cuore e ci sentivamo sempre piú eccitati: vialetto e giardino della scuola erano già bianchi e la neve cadeva ancora.

– Ci porti in giardino, vero maestro? – ha chiesto Gabriele speranzoso.

– Non se ne parla nemmeno, – ha risposto Capitan Quinto. – Guarda come nevica!

La sua risposta sarebbe sembrata un «no» a molta gente, ma noi che lo conosciamo da quattro anni abbiamo capito benissimo che era un «sí». Il tono della voce infatti non era quello dei «no» che restano «no». Era chiaramente una voce da «no» che probabilmente sarà «sí». Cosí abbiamo continuato a pressarlo:

– Ma se smette di nevicare?

– Se ci copriamo bene?

– Ci stiamo solo dieci minuti.

– Non ci bagniamo...

Il capitano, per toglierci di torno, ha mugugnato un «Vedremo...» tutto sgualcito. Noi siamo tornati a guardare dalle finestre pieni di speranza. Forse anche troppa speranza, a essere sinceri:

– Spero che nevichi cosí per tre giorni! – ha detto quell'oca di Mario.

Niccolò non era troppo d'accordo: – Io invece spero che smetta prima della ricreazione, cosí possiamo andare fuori.

– Anch'io spero che smetta prima della ricreazione! – ha

spiegato allora Mario come se fosse il ragionamento piú normale del mondo. – Deve nevicare per tre giorni, ma smettere per la ricreazione.

Marco si è messo a ridere: – Allora diciamo a Gigliola che suoni la campanella un po' piú forte, cosí la sente anche il fabbricatore della neve e si prende una piccola pausa.

Gigliola è la bidella della scuola e il suo compito principale è quello di suonare la campanella dell'ingresso, della ricreazione e dell'uscita. La campanella è un arnese spaccatimpani che secondo me è stato costruito mettendo insieme i pezzi di un martello pneumatico, di una batteria, di una mitragliatrice e del motore di una Ferrari. Non conosco un aggeggio piú rumoroso della campanella della nostra scuola.

All'idea del fabbricatore di neve che si pigliava un attimo di riposo è venuto da ridere a tutti, anche al maestro. Comunque, piú o meno verso le dieci e venti, quando Gigliola ha suonato per la ricreazione, ve lo giuro sulla mia bicicletta nuova, la neve si è fermata.

Prima abbiamo guardato Mario come se fosse un grande stregone e poi il maestro: adesso doveva mantenere la sua promessa!

Infatti ci ha portato fuori. È stato bellissimo: io mi sono

bagnato scarpe, calzettini, calzoni e anche la maglia. La maglia non so proprio come ho fatto, visto che avevo addosso la giacca a vento. Forse qualcuno mi ha ficcato una palla di neve nel collo e non me ne sono accorto. Del resto, mentre si combatte una battaglia le ferite quasi non si sentono: l'ha letto Giacomo in un libro sui cavalieri medievali.

Alla fine della nostra piccola guerra di neve io ero abbastanza fradicio, ma i miei compagni erano messi peggio di me. Peggio di tutti stavano le bambine, perché io e gli altri maschi le abbiamo sepolte sotto una valanga di palle di neve. Non si è salvato neppure il maestro: ci aveva ordinato di non colpirlo, ma la tentazione era così forte che, a un certo punto, ci siamo messi a tirare tutti a lui e alle altre maestre che erano uscite. Il capitano si è dimostrato un guerriero temibile: invece di rifugiarsi nella scuola, come hanno fatto le maestre, si è buttato in mezzo alla battaglia e

ha cominciato a tirare mucchi di neve a destra e a sinistra. Sparava con una mira da cecchino e in due minuti ha messo in fuga metà di noi. Io, Marco e Niccolò invece abbiamo resistito e l'abbiamo innaffiato di proiettili bianchi.

Quando siamo rientrati in classe abbiamo steso tutti i nostri calzettini ad asciugare sul termosifone e ci siamo messi quelli che usiamo a ginnastica. È stata una scena molto divertente, anche se i bambini che stavano piú vicini al termosifone facevano le facce un po' schifate.

Poi ci siamo rimessi a scrivere: avevamo ancora quello stupido problema della vasca da risolvere. Con un occhio però abbiamo continuato a guardare il cielo per vedere se ricominciava a nevicare. Invece niente.

– Non nevica piú, – ha detto Luca un po' dispiaciuto. – Forse il fabbricatore della neve la campanella della fine della ricreazione non l'ha sentita...

– Meglio cosí! – ha commentato seria seria Giorgia, seduta a non piú di un metro da una bella fila colorata di calzettini stesi ad asciugare.

LA PARTITA DI PALLAVOLO

CAPITOLO 17

7 febbraio 2000

Oggi mare stupendo e vento profumato di vittoria.

Sapevo che prima o poi il giorno della rivincita sarebbe arrivato. Bene, è stato oggi. Abbiamo sconfitto quei fenomeni della quarta A a pallavolo. Anzi, non li abbiamo veramente solo sconfitti: li abbiamo stracciati, distrutti, umiliati, ridicolizzati, fatti a pezzettini, ridotti in briciole, a nulla.

Quando hanno lasciato il campo da gioco avevano la lacrimuccia facile e un muso cosí lungo che sembravano tanti coccodrilli.

Intendiamoci, non è che io ci tenessi poi cosí tanto a batterli: il maestro dice che vincere o perdere sono cose che succedono, l'importante è giocare lealmente.

Io sono perfettamente d'accordo, però devo dire che

vincere, anzi, stravincere, dà molta, molta piú soddisfazione che perdere.

Il fatto è che i bambini della quarta A sono dei fenomeni a calcio, ma della pallavolo non sanno quasi nulla. Abbiamo dovuto quasi spiegare loro le regole!

Abbiamo giocato per due set, con Capitan Quinto a fare da arbitro. Abbiamo vinto quindici a uno e quindici a due, e questa è già stata una bella soddisfazione. Gli unici punti che hanno segnato loro glieli ha regalati il nostro maestro con un arbitraggio scandalosamente di parte. Noi non abbiamo neppure protestato, perché eravamo troppo superiori.

La soddisfazione maggiore però me l'ha data Alice: a un certo punto ha sparato nell'altro campo un pallone che sembrava un missile.

Era una palla veramente difficile da prendere, però Andrea Picchi c'è riuscito. Andrea è il miglior calciatore della quarta A, un vero atleta, e piace un sacco a tutte le bambine. Siccome lo sa, è anche molto sbruffone.

Dicevo che la palla l'ha presa sí, però l'ha presa con la faccia. È stato bellissimo! Si è sentito un *cioc*, come quando si applaude forte, e poi Andrea si è messo le mani davanti alla faccia, come se avesse paura che il naso stesse per scappargli.

Il naso non gli è scappato via, però si è messo a sanguinare abbondantemente. Il povero Andrea Picchi è stato soccorso dalla sua maestra e ha dovuto abbandonare il campo.

Qualcuno di noi ha applaudito la scena divertito e Capitan Quinto l'ha incenerito con gli occhi. Quando siamo tornati in classe poi ci ha fatto una ramanzina formidabile sullo sport, sull'amicizia, sulla vita e su tutto il resto.

La ramanzina è stata veramente dura da sopportare, però se ripenso al naso di Andrea sento che tutto sommato ne valeva la pena.

MARTEDÍ GRASSO

CAPITOLO 18

15 febbraio 2000

Oggi mare molto molto mosso e vento di travestimenti.

Traduco: è carnevale. A scuola abbiamo fatto la festa del martedí grasso e ci siamo messi tutti in costume. E quando dico «tutti» intendo assolutamente «tutti», anche il capitano.

Noi non ce l'aspettavamo perché gli anni scorsi lui non si era mai travestito. Lorenzo ieri gliel'ha anche chiesto e lui ha risposto con una risatina: – Domani mi travesto da maestro...

Quando risponde cosí io gli strapperei il naso: ma si potrà scherzare su una cosa cosí seria come il carnevale? Io e i miei compagni cominciamo a parlarne un mese prima. Parliamo dei costumi che ci piacciono di piú e di quelli che probabilmente ci compreranno i genitori. Litighiamo anche, magari perché ci piacerebbe essere i soli ad avere un certo costume. Ad esempio Marco, quando ieri ha saputo che anche Valentina si sarebbe vestita da Superman, ha giurato che lui il suo costume lo avrebbe buttato via e che piuttosto si sarebbe travestito da verme. Valentina allora gli ha detto che era una buona idea, perché cosí non aveva neppure bisogno del costume. Questo non deve essere piaciuto troppo a Marco, infatti ha provato a staccare le orecchie a Valentina. Lei invece gli ha rifilato un calcio potentissimo a un ginocchio. Insomma, se le sono date di santa ragione.

Stamattina comunque erano vestiti tutti e due da Superman e si guardavano in cagnesco. Neppure Camilla, Debora e Giulia si guardavano bene: erano vestite tutte e tre da ballerina spagnola e i loro costumi erano assolutamente uguali!

Il maestro invece è stato la sorpresa piú grossa: non c'era! Al suo posto è entrato un arabo grande e grosso, con un turbante blu che gli fasciava la testa e gli copriva la faccia.

Per un attimo c'è stato in classe un gran silenzio. Poi l'abbiamo riconosciuto: era proprio lui, il capitano!

Ci ha raccontato che quello era un vero abito arabo, mica un costume da carnevale come i nostri. L'aveva comprato in Marocco l'anno prima, in un mercato vicino al deserto. Il turbante era un vero turbante dei Tuareg, gli «uomini blu».

Io non sapevo perché i Tuareg fossero chiamati uomini blu, ma poi l'ho capito: Capitan Quinto ha ballato e giocato assieme a noi. Cosí ha sudato un sacco, come noi, del resto. Il suo turbante era tutto bagnato di sudore e, quando se l'è tolto, siamo rimasti tutti senza parole: la faccia del maestro era blu! Io pensavo che si fosse affaticato troppo a ballare e che magari stesse per scoppiare.

– È solo indaco, – ha spiegato invece lui ridendo, – una sostanza azzurra che viene usata per colorare il turbante e che con il sudore mi è colata sul viso. Domani non si vede già piú.

Cosí, visto che non era una cosa grave, abbiamo continuato a ballare e a giocare con il nostro maestro blu come un puffo fino a mezzogiorno.

Ci siamo divertiti davvero, anche se qualche piccolo problema comunque c'è stato.

Ad esempio Francesco aveva portato una penna finta che schizzava

inchiostro e faceva delle macchie enormi sui vestiti. Ha schizzato me e Lorenzo e noi stavamo per picchiarlo. Lui però ci ha fatto capire che era solo uno scherzo di carnevale e che le macchie sarebbero sparite in due minuti. Per sua fortuna è andata proprio cosí e tutti abbiamo riso.

Quando però ha schizzato Manuel, quello si è messo a piangere come un disperato. Non c'è stato verso di fargli capire che era inchiostro finto: non l'ha capito neppure nel momento in cui la macchia è scomparsa. Infatti, quando Francesco l'ha schizzato per la seconda volta, lui si è arrabbiato moltissimo e ha ricominciato a piangere. Veramente stavolta ha fatto anche qualcosa di piú: si è messo a inseguire il macchiatore folle con l'intenzione di strozzarlo.

Capitan Quinto li ha fermati e ha ordinato che la smettessero subito, perché stavano rovinando la festa. Hanno ubbidito, ma solo per dieci minuti. Poi Francesco non ha resistito e ha sporcato di nuovo quel tonto di Manuel con un litro di inchiostro finto. Stavolta Manuel l'ha catturato e stava per fargli ingoiare la sua penna quando il maestro lo ha fermato.

Insomma è stata una bellissima festa, abbiamo fatto anche le foto!

A casa, piú tardi, non ho mangiato niente perché non avevo fame. Io infatti ho ballato pochino: ho conquistato un posto al tavolo dei pasticcini, mi sono seduto e mi sono ingozzato in modo spaventoso. Ognuno festeggia il carnevale come gli pare.

ERRORI

CAPITOLO 19

22 febbraio 2000

Ogi marre moso e ve'nto di sbalii.

Oggi abbiamo scritto un testo. E fin qui non c'è proprio niente di strano, visto che Capitan Quinto ci fa scrivere quasi tutti i giorni. Quello che è stato divertente è che Greta scrivendo ha fatto un errore di ortografia.

Non che noialtri non ne facciamo mai: qui nella quarta B di San Martino in Strada, modestia a parte, siamo dei veri specialisti in errori. Ad esempio c'è Manuel che quando scrive semina le acca come un contadino il grano a ottobre; al contrario Gabriele è cosí avaro di acca che a casa ne deve avere una cassaforte piena; oppure Marco, che sicuramente ha qualcosa di molto sbagliato nelle orecchie, non sente e non scrive neppure una doppia; Michela invece ha una gran fantasia e s'inventa quasi ogni giorno un passato remoto nuovo: «ridette», «vivettero», «rompetti», «cuocci» e via dicendo.

Questi però sono errori normali. Quello che oggi Giorgia ha tirato fuori dalla sua penna è invece un errore molto speciale: un errore magico. Ne facciamo pochissimi in un anno, quattro o cinque, ma quando capita la classe diventa una specie di uragano di risate. Sono gli unici errori per i quali il maestro non ci rimprovera, ma ci fa quasi i complimenti.

Infatti il capitano dice che un errore magico è una specie di chiave che apre la porta di una storia che nessuno altrimenti avrebbe mai immaginato. Cosí ce lo segna con la penna rossa, però lo legge a voce alta a tutta la classe e, dopo che ci siamo sfogati a ridere, inventiamo la storia.

Oggi ad esempio Giorgia doveva scrivere «a me piace nuotare a dorso», invece ha scritto «a me piace nuotare ad orso». Quando Capitan Quinto l'ha letto a voce alta, mentre ancora ridevo, sullo schermo personale che mi porto in testa ho visto chiaramente la mia compagna con un costume e una cuffietta ricoperti di una folta pelliccia, che avanzava lungo una corsia della piscina dando goffe zampate all'acqua.

Ci sono stati tre minuti di risate e di prove del nuovo

stile: il famoso «nuoto ad orso». Intendiamoci, non è che nella nostra classe si possa ridere di regola degli errori che fanno i compagni. Anzi, Capitan Quinto ci mangia se ci azzardiamo a fare cose del genere. Si può ridere solo degli errori magici, anche perché di solito non si riesce a resistere. Infatti oggi rideva di gusto anche Giorgia che di solito si offende per niente.

Quando le risate sono terminate abbiamo immaginato la storia di una bambina che diventa una grande campionessa di nuoto inventando stili nuovi: il nuoto ad orso, il nuoto a canguro, il nuoto a granchio...

Giacomo ha voluto esagerare e ha inventato il nuoto a basilisco. Lorenzo allora ha detto che valevano solo gli animali e Giacomo si è messo a ridere. Poi ci ha spiegato che il basilisco è una lucertola che è capace di correre sull'acqua.

Naturalmente a una cosa del genere non ha creduto nessuno di noi bambini: io le lucertole le conosco bene, visto che fino a due anni fa davo loro la caccia. Corrono sí, e anche svelte. Ma non sull'acqua. Secondo me non sanno neppure nuotare.

Cosí abbiamo chiesto al maestro se era vera o no questa storia del basilisco. Allora è successa una cosa incredibile:

Capitan Quinto, vecchio lupo di mare che ha girato tutto il mondo, ha detto che forse esisteva davvero, ma lui non lo sapeva. Non lo sapeva! E io che credevo che i maestri sapessero tutto! Sono rimasto male, e con me anche un bel po' dei miei compagni.

Penso che ai miei genitori non racconterò niente di questa storia: non vorrei che mi facessero cambiare scuola solo perché il capitano ha letto meno libri di Giacomo.

L'INGIUSTIZIA

CAPITOLO 20

3 marzo 2000

Oggi mare strano e vento d'ingiustizia.

Oggi il capitano non lo posso proprio vedere. Ha fatto una cosa incredibile: ha commesso un'ingiustizia. E non è che l'abbia fatto senza accorgersene: l'ha fatto apposta! A parte quel salame di Manuel che rideva come un matto, tutti noialtri siamo rimasti male, malissimo. Abbiamo protestato, ma non c'è stato niente da fare.

La faccenda è andata cosí: Michele, che è il bambino piú noioso della classe, dava fastidio a Annika, che invece è la bambina piú tranquilla fra tutti noi. Il capitano stava spiegando storia e non ha visto, o ha fatto finta di non vedere niente. A un certo punto Annika si è stufata: si è girata verso Michele e gli ha detto di smettere. Poi si è subito rivoltata. È stato un gesto rapidissimo, roba di un attimo, ma quello il maestro l'ha visto. Cosí ha sgridato Annika perché stava disturbando la lezione.

Lei ha provato a difendersi: – Ma maestro, Michele non mi...

Capitan Quinto non le ha neppure lasciato finire la frase: si è arrabbiato e le ha assegnato due pagine da copiare come compito di punizione. Con voce cattiva le ha detto che non stava affatto bene dare la colpa ai compagni...

Annika non ha piú parlato, ma si capiva che stava per mettersi a piangere. Allora, siccome io avevo visto tutto, non sono piú riuscito a stare zitto. Mi sono alzato e ho raccontato che era davvero Michele che dava fastidio ad Annika, che era lui il vero colpevole.

Michele mi ha guardato malissimo, ma tutti gli altri compagni mi davano ragione. Allora Capitan Quinto, di fronte a tutte quelle prove, ha chiesto a Michele se le cose stavano proprio cosí. Lui ha abbassato lo sguardo e ha risposto di sí. Cosí si è beccato a sua volta due pagine da copiare.

Poi il maestro si è rimesso a spiegare storia, come se nulla fosse.

– E la punizione di Annika? – gli ho chiesto allora. – Non gliela toglie, maestro?

– No! – ha risposto lui con la piú odiosa faccia da folletto malvagio che è riuscito a trovare.

– Ma è un'ingiustizia! – ho esclamato io indignato.

Lui è rimasto tutto tranquillo e ha detto: – Certo che è un'ingiustizia!

Allora tutti i miei compagni si sono messi a gridare indignati. Marco, come al solito, voleva chiamare il Telefono Azzurro, i carabinieri, i pompieri...

Quando le nostre proteste si sono smorzate un po', il nostro feroce e ingiusto capitano ci ha spiegato come vedeva lui la cosa.

– Bravi, – ha detto compiaciuto, – fate bene a protestare. Non bisogna accettare le ingiustizie in silenzio!

– Allora la toglie la punizione ad Annika...

– No, la punizione resta. Lo so anch'io che è un'ingiustizia, ma purtroppo l'ingiustizia esiste. Il mondo ne è pieno e ve la ritroverete davanti in mille occasioni. Quindi è giusto che, ogni tanto, la sperimentiate anche qui a scuola, cosí imparate ad affrontarla e a sopportarla.

Io e i miei compagni l'ascoltavamo con gli occhi sbarrati, come se avessimo avuto davanti uno spaziale con due teste e tre nasi, appena atterrato.

– Insomma, – sono sbottato io alla fine, – allora questa sarebbe una specie di «lezione di ingiustizia»?

– Bravo Federico, – ha ridacchiato l'odioso lupo di mare,

– proprio cosí. Una piccola lezione d'ingiustizia. Da grandi me ne sarete molto grati.

Poi è tornato a spiegare storia tutto tranquillo.

Io non so se da grande gli sarò davvero grato di tutto questo. So però che, se fossi stato mezzo metro piú alto e trenta chili piú pesante, oggi avrei mollato un bel pugno sul naso al nostro capitano e alle sue stupide lezioni d'ingiustizia!

SCACCHI E UCCELLINI

CAPITOLO **21**

11 marzo 2000

Oggi mare calmo e vento profumato.

Oggi in giardino è successa una cosa veramente simpatica e divertente, almeno per quasi tutti noi. È andata cosí: giocavamo a scacchi, io e Giacomo, sotto uno dei grandi alberi del vialetto. Attorno a noi c'erano Gianluca, Marco e Manuel che ci guardavano giocare e che rompevano le scatole. Succede sempre cosí.

«Possiamo guardare?» dicono quando si avvicinano.

«Sí, basta che stiate zitti!» rispondiamo sempre noi scacchisti, anche se sappiamo già come va a finire.

Infatti dopo un paio di mosse quel salame di Manuel ha cominciato a fare dei risolini strani, tutto eccitato. Nel suo linguaggio dei gesti questo vorrebbe dire: «Io ho visto una mossa bellissima e tu no!».

Già questo dà fastidio. Ma quando poi tu muovi e Marco si mette a scuotere la testa e a dire che hai sbagliato tutto, allora a me comincia a venire il nervoso.

– Andate a «rompere» da un'altra parte! – ho consigliato io ai miei tre compagni in maniera molto civile.

Gianluca, come se avessi parlato all'aria, si è messo a suggerire a Giacomo la mossa migliore da fare con il cavallo.

– Accidenti Gianluca, – gli ho gridato tutto arrabbiato, – che ti venisse...

Proprio in quel momento si è visto qualcosa che veniva giú dall'albero e andava ad atterrare proprio in mezzo alla zazzera bionda di Gianluca.

– Che cavolo è? – ha detto il mio compagno preoccupato. Poi si è passato svelto svelto una mano fra i capelli come per scacciare qualcosa. Aveva paura che fosse un insetto.

Invece no, non era un insetto: era una cacca d'uccello e Gianluca se l'era spiaccicata in qua e in là per i capelli.

Io e Giacomo siamo scoppiati a ridere. A dire la verità ridevano anche gli altri. Ridevamo proprio tutti.

Anche il maestro si è messo a ridere quando gli abbiamo raccontato che cos'era successo. Anche tutte le altre maestre della scuola.

In un minuto la storia della cacca dell'uccellino la sapevano tutti i centodieci bambini della scuola elementare di San Martino. E naturalmente ridevano tutti.

L'unico che non rideva era Gianluca che è diventato tutto rosso e ha giurato che domani viene a scuola con la fionda.

Io e Giacomo abbiamo ringraziato pubblicamente lo sconosciuto uccellino che aveva scelto come gabinetto proprio la testa di quel noioso di Gianluca. Domani però penso che ci metteremo a giocare da un'altra parte.

IL PROBLEMA

CAPITOLO 22

17 marzo 2000

Oggi mare sulle spine e vento complicato.

Oggi era giorno di matematica e abbiamo dovuto risolvere un problema. Io vorrei sapere dove li va a trovare i problemi il nostro maestro. Se li inventa lui? Li prende da qualche libro? Se li sogna di notte? Lo copio per intero, perché voglio che in un lontano futuro, chi leggerà questo diario di bordo sappia che nella scuola elementare esisteva anche la tortura:

«Una massaia che va a fare la spesa compra kg 32,7 di detersivo per la lavatrice, hg 21,72 di naftalina, q 0,075 di camomilla e g 8,3 di succo di limone; spende in tutto euro 27,11. Sapendo che il detersivo costa euro 0,03 all'etto e la naftalina euro 0,78 al chilo, sapendo

che la spesa per la camomilla è stata pari agli otto dodicesimi del resto, calcolate quanto costa il succo di limone al grammo».

Appena Capitan Quinto ha smesso di dettare, Lorenzo si è messo a ridere: – Come ha fatto quella signora a comprare otto grammi virgola tre di succo di limone!? Non faceva prima a comprare un limone intero e a spremerlo?

Ad Alice invece faceva ridere il detersivo: – Che ci deve lavare questa donna con tutto 'sto detersivo, i panni di un esercito?

– E tutta quella camomilla invece a che le serviva? – ha gridato Camilla. – Non riusciva a dormire la notte?

Capitan Quinto si è quasi arrabbiato davanti a tutte quelle domande. Ha detto che il testo del problema era solo una scusa per costringerci a ragionare e a fare i calcoli. Sarà anche come dice lui, però se uno deve risolvere un problema, non sarebbe male se la storia non fosse troppo strana.

Io ad esempio questo problema qui non sono riuscito a risolverlo per niente: un po' perché non sono tanto bravo con le equivalenze, e un po' perché ho passato almeno mezz'ora a cercare di immaginare che razza di menu avesse in mente per quel giorno questa strana massaia. No perché la mia mamma, di solito, va a fare la spesa e poi prepara da mangiare.

Allora, che cosa bolliva nella pentola della massaia del capitano quel giorno? Naftalina al succo di limone e un litro di camomilla per digerire? Camomilla al limone e naftalina come dessert? O brodino di camomilla con limone e spremuta di naftalina, con un paio di chili di detersivo per lavatrici sciolto nell'acqua per una bella lavanda gastrica?

Niente. Non sono riuscito a mettere insieme né il menu, né la soluzione del problema. Ero cosí scocciato alla fine che l'ho fatto vedere anche alla mamma, a casa. Speravo che mi dicesse: «Povero piccolo, che problema stupido e incredibilmente difficile ti ha dato oggi il tuo maestro! Capisco benissimo perché non sei riuscito a farlo!».

Invece l'unica cosa che ha detto dopo avergli dato un'occhiata è stata: – Chiedi al tuo maestro dove lo va a comprare il detersivo per lavatrici a 30 centesimi al chilo, che ci vado anch'io...

LA TALPA

CAPITOLO 23

25 marzo 2000

Oggi mare in fermento e vento di cattivi odori.

Nel giardino della scuola ogni tanto capita di trovare un passero morto. Una talpa morta invece non era mai successo. Infatti c'è stato tutto un corri corri quando Niccolò si è fatto avanti portando orgoglioso il suo trofeo: la carogna di una talpa morta da almeno una settimana.

Tutti i bambini guardavano deliziosamente disgustati quell'orrendo mucchio di peli, zampe, denti e ossa che qualche tempo prima era stato un animale vivo. Ci stavano anche abbastanza lontani, perché la talpa morta puzzava terribilmente. Niccolò invece la portava tenendola fra due dita, la guardava come se fosse un oggetto meraviglioso e non faceva affatto caso alla puzza.

Richiamato dal trambusto, Capitan Quinto si è avvicinato

e ha visto Niccolò e il suo trofeo. – Niccolò! Butta subito quella schifezza nel bidone! – ha ordinato tutto arrabbiato. – E poi corri immediatamente a lavarti le mani!

Ora, io posso capire che a un vecchio lupo di mare stiano piú simpatici granchi e squali, ma scaldarsi tanto per una talpa morta mi è sembrato davvero eccessivo.

Niccolò ha provato a protestare, perché né lui né la talpa stavano facendo niente di male. Il capitano però è stato durissimo: non ha ceduto di un solo millimetro. Cosí il cadavere della talpa è finito nel bidone delle immondizie e Niccolò di sopra a lavarsi le mani.

Capitan Quinto se n'è tornato allora a chiacchierare tranquillamente con le altre maestre e la storia della talpa sembrava ormai finita lí.

Invece, come nei film dell'orrore, la talpa è improvvisamente ricomparsa.

Nessuno di noi bambini si è spaventato però, perché sapevamo tutti che non si trattava del fantasma della talpa che vagava nel giardino della scuola.

Era stato invece di nuovo Niccolò, che non sopportava l'idea di perdere il suo meraviglioso e puzzolente trofeo. Era andato a ripescarlo con una manovra veramente coraggiosa dentro al bidone dei rifiuti. E quando dico «coraggiosa» intendo proprio «coraggiosa». Niccolò infatti non è molto alto e per arrivare fino alla talpa, sul fondo del bidone, si è dovuto sporgere parecchio. È stato lí lí per caderci dentro un paio di volte. Per sua fortuna lo reggeva Manuel, un altro che trova affascinanti gli animaletti morti.

Purtroppo anche questa volta si è fatto un capannello di bambini attorno a Niccolò e alla sua talpa e, puntuale come il raffreddore d'inverno, è arrivato Capitan Quinto. È piú forte di lui: ogni volta che vede una quarantina di bambini che si ammucchiano attorno a qualcosa, lui viene di corsa a vedere che cosa succede. È davvero curiosissimo. Non credo che stia bene che un maestro sia cosí curioso, ma del resto lui è fatto cosí...

Comunque quando ha visto la talpa morta che aveva ricominciato ad andare a spasso per il giardino, neppure Capitan Quinto si è spaventato: si è invece arrabbiato moltissimo. Naturalmente ha sgridato Niccolò e l'ha costretto a gettare per la seconda volta la talpa nel bidone. Poi l'ha rispedito nel bagno a lavarsi le mani e, per essere sicuro

che la talpa riposasse tranquilla, ci ha riportati tutti in classe.

La storia della talpa morta potrebbe anche essere finita qui, se non fosse che, all'uscita, un attimo prima che la bidella chiudesse il cancello della scuola, ho visto Niccolò che rientrava di corsa.

È una cosa normale, succede quasi tutti i giorni: un bambino si dimentica qualcosa e rientra velocemente in classe mentre la bidella lo aspetta al cancello. I maestri non ci sono già piú, loro ci portano fuori e poi vanno via.

Mentre la mamma metteva in moto la macchina ho visto che Niccolò si avvicinava di corsa al bidone delle immondizie. Poi la macchina è partita e non ho visto piú niente. Sono quasi sicuro però che, se qualcuno andasse adesso a frugare nel bidone della scuola, troverebbe cartacce di tutti i tipi, sacchetti vuoti di patatine e contenitori di succhi di frutta. Troverebbe un sacco di cose, ma non una talpa morta.

RITARDI E PESCI

CAPITOLO 24

4 aprile 2000

Oggi mare magro e vento di digiuno.

Quando siamo scesi in mensa oggi, Laura, l'inserviente che ci distribuisce i pasti, ci è venuta incontro allargando le braccia.

– Fino all'una non arriva niente oggi. La mensa è in ritardo.

– Nooo! – abbiamo esclamato noi tutti insieme, disperati per via dell'appetito che bussava impaziente nello stomaco.

Mezz'ora senza cibo è un tempo incredibilmente lungo quando ti aspetti di mangiare da un secondo all'altro! Succede qualcosa che non so spiegare bene: forse, basta l'idea che sta per arrivare il cibo e lo stomaco si prepara a riempirsi. Oppure si prepara il cervello... Non so. Quello che so è che alle dodici e trentacinque di oggi mi sembrava di avere un gatto arrabbiato dentro la pancia e avevo quasi voglia di piangere per la fame.

Poi tutto si è improvvisamente risolto: Laura si è messa a ridere e ha detto: – Pesce d'aprile!

Il pranzo era già stato portato e ci aspettava tranquillamente nei soliti contenitori verdi di polistirolo.

– Ma oggi non è il primo di aprile! – ha protestato Tiziana con Laura.

– È vero, – ha risposto lei, – ma il primo di aprile era sabato e la mensa non c'era. Come facevo a farvelo sabato lo scherzo?

Abbiamo riconosciuto tutti che il suo ragionamento non faceva una grinza e ci siamo seduti a tavola ad aspettare il primo.

Quello di Laura, anche se in ritardo, è stato il pesce d'aprile riuscito meglio. Sabato abbiamo appiccicato i soliti pesci alla schiena un po' di tutti, ma solo uno di noi non se n'è accorto: si è portato un pesce sulla groppa per quasi un’ora fra le risatine di tutti. Siccome la vittima dello scherzo questa volta sono stato proprio io, di questa cosa preferisco non parlare troppo.

CIMICI E ROSPI

CAPITOLO **25**

12 aprile 2000

Oggi mare calmo e vento di «al lupo al lupo!».

Oggi siamo stati fuori durante la ricreazione ed è successa una cosa assolutamente straordinaria: non abbiamo litigato. Né i maschi con le femmine, né le femmine con i maschi. Neppure i maschi con i maschi e le femmine con le femmine. Noi maschi non abbiamo litigato neppure con i maschi o con le femmine della quarta A e neppure le nostre femmine si sono beccate con le femmine dell'altra classe. E che noi maschi abbiamo passato tutta una ricreazione senza discutere non è nemmeno tanto straordinario, ma che ci siano riuscite le femmine è una cosa che non pensavo neppure potesse accadere.

Di sicuro neanche Capitan Quinto credeva possibile un fatto del genere, visto che quando usciamo ci rifà tutte le volte la scena delle raccomandazioni e delle minacce: a noi maschi quella delle raccomandazioni; alle femmine invece quella delle minacce («Se vi azzardate a litigare fra di voi vi rispedisco in classe, vi faccio copiare due pagine del libro, vi sequestro le foto delle Spice Girls ecc.»).

Il capitano non è neppure un cattivo attore, ma normalmente la sua rappresentazione del maestro minaccioso e terribile non fa alle bambine nessun effetto: dopo dieci minuti di giochi in giardino Giulia fa il muso perché la tale compagna o la tal altra non vuole parlare con lei. Se non è Giulia, è Debora o Tiziana. Almeno una volta alla settimana ce n'è una che piange perché tutte le altre hanno deciso che lei non è degna di giocare con loro.

Noi maschi non è che non litighiamo: quando giochiamo a calcio, ad esempio, ci pestiamo anche abbastanza. Però, quando la partita è terminata non ci pensiamo piú. Loro invece no. Anche in classe continuano a guardarsi male e a scoppiare in lacrime quando meno te l'aspetti.

Oggi comunque nessuno ha litigato. Siamo stati cosí bravi che non abbiamo neppure picchiato Marco quando ci ha fatto lo scherzo delle cimici.

Lo chiamo cosí perché è cominciato con una cimice: Marco, Luca e io giocavamo nell'erba a scavare per trovare la piramide di un faraone egizio. A un tratto è saltata fuori una cimice e Marco si è messo a strillare come un'aquila perché a lui gli insetti fanno paura. Noi l'abbiamo salvato, cioè abbiamo tirato via la cimice e poi ci siamo rimessi a scavare.

Piú tardi io e Luca ci siamo allontanati per vedere quello che combinava Giacomo. A un tratto Marco si è messo a gridare ancora.

– Un'altra cimice! – ha detto Luca sgranando gli occhi. Cosí siamo tornati al galoppo per salvarlo.

Stavolta però non si trattava di una cimice: era un rospo.

Ora, una cimice è una cimice, ma un rospo è tutta un'altra cosa. In mezzo minuto tutti i bambini della scuola sapevano che c'era un rospo nel giardino e volevano vederlo. In un attimo si è fatto un capannello attorno a Marco che nemmeno un carretto con i gelati sarebbe riuscito a tanto.

Il rospo è diventato un caso importantissimo, tanto che Capitan Quinto a un certo punto si è deciso a intervenire. E meno male, perché c'era uno dei bambini di quinta che il rospo voleva ammazzarlo e quasi ci stava per provare.

– Ora lo portiamo negli orti qui dietro, – ha detto il maestro a tutti noi. – Là sarà di certo piú al sicuro che qui dentro con voi.

Noi bambini forse avremmo dovuto offenderci per le

sue parole, invece tutti siamo stati d'accordo con lui. Io ero proprio curioso di vedere se Capitan Quinto avrebbe preso il rospo con le mani. Ero sicuro che non l'avrebbe fatto.

Invece il capitano ne sa una piú del diavolo: ha preso il rospo con le mani, ma proteggendosi con uno straccio. Poi l'abbiamo portato in processione fino agli orti dietro alla scuola e lí l'abbiamo mollato.

Tornando indietro ci sentivamo tutti stranamente soddisfatti.

Proprio in quel momento Marco ha ricominciato a urlare.

Io e Luca ci siamo guardati in faccia un po' stupiti: che c'era ancora? Un'altra cimice? Un altro rospo? O forse un

animale ancora piú straordinario? Una biscia, un cobra, o magari un anaconda...

Siamo nuovamente partiti al galoppo come i cavalieri della tavola rotonda, ma quando siamo arrivati da Marco lui si è messo a ridere: – Ci siete cascati! Ah! Ah! Non c'è proprio niente stavolta. Vi ho fatto uno scherzo!

Luca e io per un attimo abbiamo avuto l'idea di spiaccicargli in testa un po' di resina dei pini lí attorno. Poi però non l'abbiamo fatto.

Io non so proprio perché non ci siamo vendicati: forse ci sentivamo troppo «nobili cavalieri» per fare una cosa del genere. Devo dire però che ora che ci ripenso, un po' mi dispiace.

MOSCHE E VESPE

CAPITOLO 26

17 aprile 2000

Oggi mare calmo però mosso e vento di punture.

Oggi c'era caldo e cosí tenevamo la finestra aperta. Si sta meglio, però entrano un sacco di mosche. Capitan Quinto le mosche le odia al punto che tiene un ammazzamosche nel ripiano sotto la cattedra e ogni tanto ne fa fuori una. L'ammazzamosche lo usa anche per fare scherzi micidiali alle bambine piú schizzinose: l'altro giorno ad esempio Valentina si era girata indietro a parlare con Tiziana e il maestro ha fatto finta di schiacciare una mosca proprio sul suo quaderno aperto.

– Presa! – ha detto tutto soddisfatto.

A sentire la botta dell'ammazzamosche sul banco Valentina ha fatto un salto e si è girata.

– Che schifo!!! – ha miagolato storcendo il naso a punta.

Capitan Quinto ha riso tutto soddisfatto ed è tornato al suo tavolo come un eroe dei film western: ci mancava solo che soffiasse sulla paletta di plastica, come fanno i pistoleri con le loro pistole dopo che hanno sparato.

– Va' là Valentina, che non c'era niente... – ha detto Alice alla sua amica per consolarla.

Lorenzo allora, siccome non sopporta Valentina, ha voluto metterci anche lui il suo zampino: – No, no. Invece c'era proprio una mosca enorme! – e ha allargato le mani cosí tanto che la mosca è diventata quasi un'aquila.

Valentina a quel punto ha preso il quaderno fra due dita e ha giurato che non l'avrebbe mai piú usato. Ha detto anche che le veniva da vomitare.

Non era mica vero però. Io lo so bene cosa succede quando ti viene voglia di vomitare: non te ne stai soltanto lí con il naso storto, come lei, a dire qua e a dire là. Intanto diventi bianco come un lenzuolo; poi ti senti come se avessi ingoiato un ferro da stiro completo di filo e presa per la corrente; infine il ferro da stiro si trasforma improvvisamente in un topo che si rifiuta di restare intrappolato nella tua pancia e comincia a correrti in salita su per la gola. Allora non c'è piú alcuna forza che gli possa impedire di uscire e vomiti.

Oggi comunque Capitan Quinto l'ammazzamosche non

l'ha usato. Anzi, non l'ha voluto usare! E dire che, secondo me, ce n'era anche il motivo.

Il fatto è che oggi dalla finestra, assieme alle solite mosche, è entrata una vespa. Era una di quelle vespe gialle e nere, lunghe e secche, con l'addome grosso e l'aria di un elicottero da guerra che cerca solo il posto giusto per sganciare il suo veleno.

– Ammazzala maestro! – si è messo a gridare Marco che ha paura pure delle cimici.

Anche tutti noi altri comunque gridavamo a naso in aria per paura di pigliare un «becco». Sembravamo la gente allo stadio quando fa la «ola»: ci tiravamo su e giú a seconda di dove ronzava la vespa.

Capitan Quinto è stato l'unico che non ha perso la testa. Ha aperto tutte le finestre e poi, con un giornale, ha spedito la vespa fuori dalla classe.

– Non si uccidono gli insetti! – ha detto poi con l'aria del bravo maestro che ci sta insegnando una cosa che non dovremo mai piú dimenticare.

Io non ho detto niente, però credo che anche le mosche siano insetti. Allora com'è questa storia? Le vespe no e le mosche sí? È forse perché le mosche gli sono antipatiche e le vespe invece gli stanno simpatiche?

Ci ho pensato su un bel po' e credo di aver capito. Sono i colori. Le mosche sono piccole e nere: bruttine. Le vespe sono tigrate, gialle e nere, e molto piú belle delle mosche.

Quando Capitan Quinto schiaccia una mosca tutto quello che vede è una macchiolina nera dove prima c'era un puntino nero. Per ammazzare la vespa invece avrebbe dovuto distruggere la sua elegante figuretta e questo gli sarebbe rimasto sulla coscienza.

Una coscienza che funziona con i colori!? Il capitano è un vero fenomeno: chissà qual è il colore piú giusto per il giorno delle interrogazioni? Giallo? Blu? Rosso? Una cosa è sicura: non è il «neromosca»...

COLORI

CAPITOLO 27

4 maggio 2000

Oggi mare arancione e vento rosellino.

Oggi siamo tornati per l'ennesima volta nell'aula di pittura a dipingere cartelloni. E quando dico «cartelloni», intendo proprio «cartelloni»: mi ricordo che in prima abbiamo fatto stendere Camilla su uno di questi fogli per ripassarne il profilo e lei ci stava dentro tutta.

Li teniamo appesi a dei pannelli attaccati al muro e sopra ci spalmiamo una quantità di colore a tempera. Forse anche troppo. Infatti, oggi è finito completamente l'azzurro. Siccome il verde era già finito la volta scorsa, abbiamo pensato che stavolta non avremmo potuto terminare il nostro lavoro. Debora e Giulia, ad esempio, avevano disegnato un cielo enorme con le nuvole e il sole che salutava. Sotto al cielo c'era un prato pieno di alberi e

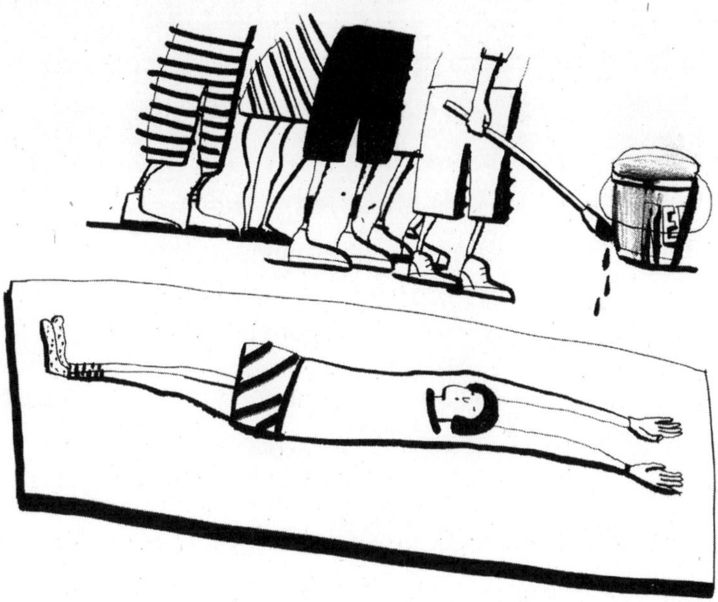

di fiori: a me non piaceva troppo, ma le bambine fanno un sacco di disegni cosí.

Debora si è quasi messa a piangere, quando si è accorta che non c'era piú neanche una briciola di verde per il suo prato e di azzurro per il cielo.

A questo punto è intervenuto Capitan Quinto e ha risolto il problema con un colpo della sua bacchetta magica.

– Non c'è piú azzurro per il cielo? Usate il giallo! – ha detto tutto serio, come se il mondo fosse pieno di cieli gialli.

Poi, siccome a Debora questa storia del giallo non andava

proprio giú del tutto, ha preso un pennello e ha cominciato lui stesso a imbrattare il cartellone della mia compagna. Debora e Giulia lo guardavano con gli occhi sbarrati, un po' disperate e un po' scandalizzate. Ma si vede che piano piano hanno fatto l'occhio al cielo giallo, perché si sono calmate. Hanno preso i loro pennelli e si sono messe anche loro a spalmare colore.

È andata a finire che il sole l'hanno dipinto di rosso, sennò non si vedeva, e il prato è venuto rosellino da far schifo. E poi, siccome il verde e l'azzurro mancavano per tutti, alla fine delle nostre due ore settimanali di educazione all'immagine sulle pareti dell'aula di disegno c'erano fiumi viola, prati rossi, cieli gialli e mari arancioni con le onde nere.

Mentre dipingevo mi sembrava di fare una terribile schifezza, ma poi, riguardandoli da lontano, ho dovuto ammettere che i nostri disegni non erano tanto male, anche se i colori erano tutti sbagliati.

Capitan Quinto ne sa una piú del diavolo: io a questa faccenda dei colori non avrei proprio pensato. Comunque, anche se i nostri disegni di oggi non sono brutti, spero che, per la prossima settimana, il maestro trovi il tempo di andare a comperare il verde e l'azzurro.

IL CILIEGIO PERICOLOSO

CAPITOLO **28**

11 maggio 2000

Oggi un mare di rischi e vento di punture.

Siamo tornati a passeggiare nel nostro «deserto» privato, che ora che ci è cresciuto il grano non è piú tanto deserto.

Condotti dall'intrepido Capitan Quinto, ci siamo spinti fino a una curva del fiume che non avevamo ancora visitato.

A un tratto il sentiero si è fatto stretto stretto e si poteva camminare solo in fila indiana. Poi il sentiero saliva a metà della sponda e passava vicino al fiume. Anzi, quasi sopra al fiume! Il maestro ci ha fatti passare lo stesso, raccomandandoci di stare vicino alla parete di terra e di stare molto attenti a non scivolare.

Di solito noi siamo abbastanza distratti e molto poco ubbidienti, però non quando camminiamo su un sentierino di terra con un fiume che scorre un paio di metri sotto.

Infatti siamo stati attentissimi e nessuno di noi è finito in acqua. È stato un passaggio davvero emozionante! Mi sentivo come quegli esploratori che visitano terre lontane. Come uno scalatore che conquista una cima. Come un eroe, insomma.

Dall'altra parte si risaliva per una scala in mezzo a degli orti, ma per arrivare alla scala bisognava per forza passare sotto a un ciliegio.

Ora, di solito non è che i ciliegi siano molto pericolosi, però quello lo era: era in fiore, completamente bianco, e per ogni fiore c'erano almeno quattro api al lavoro. Su quell'albero c'erano milioni di api. Miliardi di api! Il loro ronzio si sentiva già a dieci passi di distanza.

Capitan Quinto si è fermato di colpo e per qualche secondo mi è sembrato che non sapesse che pesci pigliare. Poi ha detto: – Passiamo in fila indiana e in silenzio! Non disturbate le api e loro non disturberanno voi.

Abbiamo camminato come fantasmi. Non si è sentita neppure mezza parola, neppure un fiato. Io ero sicuro che qualcuno sarebbe stato punto. Un paio di miei compagni hanno certe facce che se fossi un'ape li pungerei subito.

E poi il capitano è un vecchio lupo di mare: che ne sa lui di api?

Invece niente. Le api hanno continuato a ciucciare il loro nettare e non ci hanno neanche guardato. Siamo tornati nella nostra nave-classe tutti interi.

Il maestro Quinto non è solo un lupo di mare, è anche un lupo di campagna!

IN MARE

CAPITOLO 29

17 maggio 2000

Oggi mare leggermente mosso e vento da nord-est forza due.

La cosa straordinaria è che stavolta è tutto vero! Siamo saliti su una vera nave e abbiamo navigato davvero!

Il fatto è che ieri siamo partiti per una breve gita di tre giorni a Cervia. Ci siamo sistemati in un albergo sul mare, al terzo piano, in camere da tre-quattro letti.

La notte è stata un po' movimentata, perché sopra di noi, al quarto piano, c'era un'altra scolaresca che faceva una confusione pazzesca. Io non riuscivo a dormire anche per l'eccitazione, perché per me era la prima notte fuori casa, completamente solo. Cioè, insieme ai miei compagni, ma senza la mamma e il papà.

Stamattina poi, dopo colazione, ci hanno caricati

sull'*Intrepido*, un barcone per turisti, e siamo partiti. Siamo andati in mare con una guida a pescare plancton.

Io so benissimo che cos'è il plancton: sono animaletti piccolissimi fatti solo di zampe e di grandi occhi, che sono il cibo preferito delle balene. Un conto però è studiare il plancton sui libri, un conto è pescarlo.

Ci siamo tirati dietro per un bel pezzo un retino a maglie fitte e quando i marinai dell'*Intrepido* l'hanno tirato su, il tipo che ci accompagnava ha detto: – Accidenti, guarda quanto ce n'è!

Poi un marinaio ha rovesciato il contenuto del retino in un secchiello.

Tutti abbiamo guardato nel secchio incuriositi: non c'era niente! Neanche nel retino c'era niente.

Siamo rimasti tutti male, ma Capitan Quinto ha detto che gli animaletti del plancton sono cosí piccoli che si vedono solo al microscopio. Se lo dice lui...

A me comunque sono venuti un sacco di dubbi: se il plancton è cosí piccolo, come fa a essere il cibo preferito degli animali piú grossi che ci siano sulla Terra? E poi, noi uomini i microscopi ce li abbiamo, ma le balene?

Plancton a parte, sulla barca io tutto sommato mi sono divertito abbastanza. Giacomo invece non si è divertito per niente: a un certo punto ha cominciato a dire che gli veniva da vomitare e il maestro allora l'ha fatto stendere di traverso su un tavolino. Messo cosí Giacomo sembrava un tonno da tagliare a fette per il pranzo e faceva veramente ridere.

A lui però non veniva da ridere, anzi ha fatto versi strani per tutto il viaggio.

Comunque non ha vomitato.

Quando l'*Intrepido* ci ha riportati a terra, Giacomo era bianco come un lenzuolo pulito. Anche Gabriele e Lorenzo non avevano un bel colore. Io non so che colore avessi, però so che non ero del tutto normale neanch'io: mi sembrava che il molo di Cervia continuasse a dondolare da una parte all'altra, come la nave.

Capitan Quinto invece era in perfetta forma. Si vede bene che è un vero lupo di mare!

LA CERNITA DEL PESCE

CAPITOLO 30

18 maggio 2000

Oggi mare calmo e vento forza sottozero (per fortuna!).

Oggi siamo usciti in mare per la seconda volta in pochi giorni. È strano come succedono le cose. Fino a tre giorni fa io non ero mai salito su una barca e oggi mi sento come se fossi anch'io un vecchio lupo di mare come Capitan Quinto.

Stavolta siamo andati a pescare sul serio.

Pesce voglio dire, mica plancton! E per fortuna il mare era calmo. Anzi, era cosí calmo che sembrava finto. Si muoveva solo l'acqua che spostava la barca: perfino Giacomo è stato bene.

Abbiamo seguito con l'*Intrepido* due pescherecci che hanno gettato la rete a strascico. Abbiamo aspettato fino a quando i pescatori hanno tirato su la rete e poi siamo tornati a terra. Dovevamo fare la «cernita» del pesce.

Valentina era preoccupata, perché aveva capito che doveva fare la «cernia», che è un pesce. Capitan Quinto allora le ha spiegato che doveva solo fare quello che di solito fanno i pescatori: scegliere e dividere il pesce che era nella rete. Lei ha fatto «Ah!» e ha finto di rasserenarsi. Io che la conosco bene però ho visto che era ancora piú preoccupata di prima. L'idea di prendere in mano pesci e granchi le piaceva ancora meno di quella della cernia.

Quando i pescherecci sono arrivati in porto, i pescatori hanno aperto il sacco proprio sul molo, vicino a noi.

Noi bambini eravamo molto eccitati: io ad esempio credevo di veder uscire dal sacco tonni, orate, squali, cefali, balene... Invece sono rimasto malissimo quando dalla rete sono usciti un milione e mezzo di granchi. Granchi piccoli e grandi, grigi, gialli e rossi, ma solo granchi. I pesci erano sei o sette in tutto e facevano pena. Sembravano la pubblicità della magrezza e facevano venir voglia solo di ributtarli in acqua.

I granchi invece erano belli grassi e mettevano paura. I pescatori ci hanno fatto vedere come si faceva a prenderli,

io però ci sono stato ben lontano. Una volta un granchio mi ha beccato mentre facevo il bagno, quando ero piccolo. Da allora preferisco starne lontano.

Si vede che una buona parte dei miei compagni la pensava come me, perché sul molo i cacciatori di granchi erano due o tre al massimo e l'esercito dei granchi stava ampiamente vincendo la sua battaglia.

A un certo punto i pescatori si sono stufati e con le scope hanno spazzato via granchi e pesci magrolini nel canale.

Poi la nostra guida ci ha tenuto una lezione lí sul molo. Aveva un cartellone con disegni di pesci e ci ha raccontato un mucchio di cose. È stata una lezione perfino interessante!

A un certo punto ci ha parlato dei granchi. Ci ha raccontato che la corazza dei granchi si chiama «carapace» e che non cresce insieme all'animale come la nostra pelle. Cosí ogni tanto il granchio è costretto a spaccarla e a costruirsene una nuova. È velocissimo: impiega solo sei ore a rifarsi un altro carapace bello resistente. In quelle sei ore però è nudo come un verme e tutti i pesci che incontra se lo possono mangiare.

– Porca vacca! – ha esclamato Annika quando ha capito che razza di vita dura è quella del granchio. Le sue parole sarebbero passate del tutto inosservate se, proprio in quel momento, il vociare che di solito fa un gruppo di bambini, perfino quando ascolta, non si fosse improvvisamente interrotto.

Praticamente le parole della mia compagna sono cadute come un sasso nell'acqua completamente ferma di uno stagno.

Tutti ci siamo girati verso di lei a guardarla e Annika è diventata rossa come solo lei sa fare.

La nostra guida non ha detto niente, ma i suoi occhi parlavano per lui.

Sembravano dire: «Come fa una bambina cosí carina a dire cose del genere?».

A me scappava da ridere: se sapesse cosa ci diciamo fra noi bambini quando litighiamo, il signor guida non perderebbe il suo tempo a fare certe facce.

IL PLANCTON

CAPITOLO 31

19 maggio 2000

Oggi mare mosso e vento forza quattro.

È sempre il mare vero, quello di Cervia, ma a noi oggi non importa, visto che restiamo qui in città. Andiamo ai magazzini del sale e guardiamo il plancton al microscopio.

Il nostro accompagnatore ci ha prima fatto una lunga lezione sul plancton, cosí lunga che perfino quel leggione di Giacomo aveva cominciato a sbadigliare come un leone affamato.

Finalmente la nostra guida ha tirato fuori il contenitore dove conservava il plancton pescato e ne ha messo una goccia su un vetrino. Poi ha infilato il vetrino sotto la lente di un microscopio.

Noi ci siamo messi in fila indiana e, uno alla volta, abbiamo appoggiato l'occhio al microscopio. Io ero il decimo della fila e non vedevo l'ora che toccasse a me, perché quelli davanti facevano «Oohhh!!!», «Uuhhh!!!», «Eehhh!!!».

Quando è stato il mio turno non ne potevo piú: ma che si vedeva dentro a quel tubicino? Ho chiuso un occhio e ho incollato l'altro al microscopio. Non sono riuscito a trattenermi: anch'io ho esclamato «Oohh!!» come tutti gli altri. Nel cerchietto illuminato sul fondo scuro del tubo di metallo mi sono apparsi un numero straordinario di mostriciattoli bianchicci. Avevano zampette, tenaglie, antenne, zanne, occhietti, pinne, denti, nasi e altre strane appendici. Almeno cosí sembrava a me. Erano tutti morti, perché la guida li aveva messi nella formalina appena pescati. Però si capiva benissimo che lí in quella goccia d'acqua c'era tutto un mondo: piante e animali, erbivori e carnivori, prede e predatori...

Sarei rimasto un'ora a guardare quei mostri in miniatura ma Capitan Quinto mi ha tirato via per far posto a Camilla che era dietro di me nella fila.

Piú tardi la guida ci ha fatto vedere delle diapositive e un filmato sul plancton. Cosí ho capito che avevo ragione: quello del plancton è un mondo esattamente come il nostro, solo molto ma molto piú piccolo. Una specie di foresta in una goccia d'acqua. C'è il «fitoplancton», che sarebbero i vegetali, e lo «zooplancton», gli animali. Gli animaletti dello zooplancton mangiano il fitoplancton, poi mostriciattoli un po' piú grossi mangiano loro e cosí via.

Insomma, un vero e proprio mondo. Io ero molto meravigliato, proprio come tutti i miei compagni. A un certo punto Giacomo ha detto a Lorenzo: – Pensa un po', magari anche noi siamo piccoli piccoli, in una goccia d'acqua, e c'è un gigante che ora ci sta osservando attraverso un enorme microscopio...

Lorenzo ha guardato istintivamente verso l'alto con l'aria preoccupata. Poi si è messo a ridere e ha detto: – Ma Giacomo, come fanno a venirti certe idee?

Ho riso anch'io, però piú tardi, quando non mi guardava nessuno, anch'io ho guardato verso l'alto.

IL DITO MAGICO

CAPITOLO 32

25 maggio 2000

Oggi mare di fantasia e vento di vendette.

Siamo tornati a bordo della nostra nave-classe. La nave vera è rimasta a Cervia. È finita la nostra piccola vacanza di studio per imparare tutto quello che c'è da sapere sul mare. Quelli di Cervia sono stati tre giorni davvero divertenti e pieni di cose.

I nostri genitori, quando ci hanno visto arrivare, ci hanno abbracciato come se ritornassimo dalla luna. Bisogna capirli, poveretti: noi non eravamo abituati a dormire fuori casa, ma anche loro non erano per niente abituati a dormire senza di noi per tre giorni di fila.

Oggi in classe abbiamo parlato un po' di quello che abbiamo visto e fatto al mare, poi Capitan Quinto ha deciso che, visto che eravamo appena tornati, non era ancora il momento di rimettersi a risolvere problemi e a fare grammatica. Cosí ci ha letto una storia. Gli piace leggere storie e a noi piace ascoltarle.

Ci ha letto la storia di una bambina che aveva un dito magico: quando qualcuno la faceva arrabbiare, glielo puntava contro e gli faceva crescere le corna, o lo trasformava in un'anatra.

La storia mi è piaciuta molto, ma piú della storia mi è piaciuta l'idea del dito. Darei non so che cosa per avercelo io un dito del genere: lo punterei contro Valentina e la trasformerei in una papera. Poi lo girerei contro Manuel e gli farei diventare la lingua cosí lunga da poterla usare come sciarpa attorno al collo.

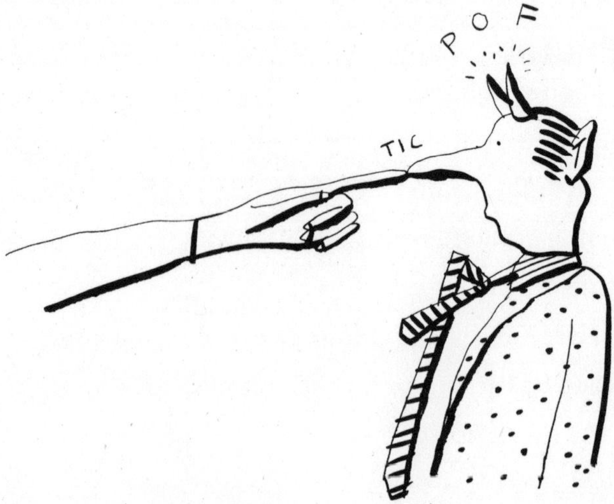

La faccenda del dito magico deve essere piaciuta anche ai miei compagni, perché a un certo punto, mentre il maestro leggeva, ho visto parecchie dita puntate in tutte le direzioni: Michele mirava a Giorgia, Alice a Camilla e Niccolò stava esercitando i suoi poteri magici su Marco.

Mi è venuto un po' da ridere, ma ho smesso subito: anche io avevo due dita puntate contro. Ci sono rimasto malissimo, anche se i miei compagni ridevano e scherzavano. Io li ho guardati male e ho fatto loro anche un gestaccio.

Tutto sommato è meglio che nessuno di noi possieda il dito magico: qui dentro sarebbe un'arma troppo pericolosa.

LA FORESTA TROPICALE

CAPITOLO 33

3 giugno 2000

Oggi mare liscio come l'olio e vento di esplorazioni (quelle vere stavolta).

Siamo di nuovo approdati sulla costa del nostro personale «deserto» e stavolta ci siamo avventurati in esplorazione in una foresta tropicale.

Sarebbe a dire, cioè, che siamo di nuovo a spasso con il capitano nella campagna dietro alla scuola. Trovo che sia un modo eccezionale di imparare le cose: si cammina all'aperto, si respira, si sentono i profumi, si guardano le cose e si possono perfino toccare...

E poi, se ti stufi di stare a sentire quello che racconta il maestro, basta restare tre passi indietro e nessuno ti dice niente.

Oggi siamo arrivati fino a una fattoria che non avevamo

ancora visto. La fattoria era chiusa e non c'era nessuno, cosí ci siamo infilati per una stradina che andava verso il fiume. Anche la stradina era «chiusa», nel senso che dovevano essere anni che nessuno passava piú di lí. L'erba era cresciuta altissima e l'ortica ancora piú alta.

Qui Capitan Quinto ha mostrato tutto il suo coraggio: ha detto «Seguitemi in fila indiana!» e si è tuffato fra i cespugli.

Noi gli siamo andati dietro come una fila di formiche al lavoro. Gli alberi ai lati della stradina abbandonata, non piú curati, avevano allungato i loro rami fino a chiudere il viottolo sotto a un ombrello verde. Lí sotto c'era una grande umidità e si respirava in modo strano. C'erano anche profumi mai sentiti, ma buoni. Anche il rumore dei nostri passi suonava strano.

– Sembra di stare in una foresta tropicale, – ha detto Capitan Quinto.

E se lo dice lui che ha girato mezzo mondo io sono costretto a credergli. La cosa ci è sembrata subito fantastica: oltre a un deserto privato, ora la quarta B aveva anche una «foresta tropicale».

Abbiamo camminato in punta di piedi in mezzo a tutto quel verde. Eravamo ammirati e stupiti: c'erano dappertutto felci e calle (il maestro ha detto che si chiamano cosí) dalle foglie larghissime. Fiori gialli spuntavano da ogni ciuffo d'erba e i rovi spinosi ci agganciavano spesso i calzoni.

– Non è che ci sono anche animali pericolosi in questa foresta? – ha chiesto a un tratto Giulia preoccupata.

– Le foreste tropicali sono piene di serpenti velenosissimi! – ha dichiarato allora Giacomo, tutto contento. – L'ho letto nell'enciclopedia.

Il maestro allora gli ha ordinato di stare zitto e di non spaventare nessuno: lí, in quella foresta di due sole file di alberi, non c'erano né serpenti né pericoli.

Giacomo si è un po' offeso, ma ha chiuso la bocca.

Piú avanti però Alice ha trovato una cartuccia vuota e subito dopo un'altra. Allora anche il nostro eroico capitano si è innervosito.

– Forse Giacomo ha ragione, – ha detto fermandoci, – forse qui i serpenti ci sono davvero.

Poi ci ha fatto tornare indietro abbastanza in fretta.

Io serpenti non ne ho visti, ma quando siamo stati di nuovo davanti alla fattoria abbandonata, si sono sentiti due botti forti, come degli spari...

IL GELATO

CAPITOLO 34

10 giugno 2000

Oggi mare fin troppo liscio e vento di vacanza.

Siccome domani cominciano le vacanze, stamattina Capitan Quinto ha portato a riva la nave della quarta B e siamo sbarcati per l'ultima volta. Cioè, siamo andati con il maestro a mangiare il gelato in un posto qui vicino.

Lo facciamo tutti gli anni, fin dalla prima: è una specie di tradizione. Attraversiamo la strada, passiamo di fianco alla chiesa, entriamo come un tornado nella gelateria e ci piantiamo con il naso contro le vetrine dove sono le vaschette, a studiare quale gusto farci mettere sul cono.

Io oggi sono stato l'unico velocissimo, perché, fin da quando ero piccolo, mi piacciono solo limone, fragola e cioccolato. I miei compagni invece ci hanno messo tutti un bel po' di tempo piú di me. Qualcuno addirittura era cosí lento e indeciso che sembrava una questione di vita o di morte.

Capitan Quinto allora si è arrabbiato, perché dietro agli indecisi si era creata una fila nervosa e scalpitante. Lina, la gelataia, invece è rimasta lí, con la paletta in mano, in paziente attesa: credo che sia abbastanza abituata a scene come quella.

Quando tutti noi abbiamo avuto il nostro gelato, siamo usciti sul piazzale davanti alla gelateria per metterci a sedere. Lí abbiamo trovato il modo di rispettare un'altra tradizione dell'ultimo giorno di scuola: il gelato spiaccicato.

Camilla infatti voleva spostare la sua sedia vicino a quella di Giorgia, ha fatto un gesto brusco e il gelato le è caduto in terra.

Sempre per rispettare la tradizione la mia compagna si è messa a piangere e il maestro le ha fatto portare un altro gelato.

Le tradizioni sono davvero belle cose.

Mentre leccavamo il nostro gelato, il maestro ha cominciato

a chiederci dove avremmo trascorso le vacanze: io vado al mare, come tutti gli anni, Giorgia pure, in una spiaggia vicino alla mia; Marco per fortuna va in montagna; Lorenzo in Francia; Tiziana dalla nonna che sta in campagna e via cosí.

Intanto che i miei compagni parlavano, mi sono accorto che cercavano di mettere nelle loro parole piú allegria di quanta ne sentissero sul serio. Il risultato è che questa storia delle vacanze è sembrata a tutti piuttosto triste. E dire che le aspettiamo per tutto l'anno come se fossero la cosa piú bella che possa capitare nella vita di un bambino.

Poi a un certo punto Emanuele ha detto che a lui scocciava andare in vacanza, che avrebbe preferito che la scuola continuasse.

– A casa non ho tanti amici con cui giocare e dopo un po' comincio ad annoiarmi, – ha detto sincero.

Allora è stato come togliere il tappo da una botte: tutti hanno cominciato a confessare che anche loro si annoiano a casa e che avrebbero preferito tornare di quando in quando a scuola, a giocare e a litigare con i compagni.

Io non ho detto niente, però non mi dispiacerebbe che d'estate, ogni tanto, suonasse la campanella e si dovesse tornare a scuola a fare la ricreazione.

Dopo il gelato ce ne siamo andati, come vuole la tradizione, a giocare un po' nel giardino pubblico del paese. Siamo tornati in classe solo verso mezzogiorno e venti, giusto per prendere i nostri zaini e uscire.

Quando è suonata l'ultima campanella di quest'anno ci siamo messi in fila e siamo usciti. Come vuole la tradizione, anche quest'anno c'erano un paio di noi un po' commossi. Sembrava che dovessero tirare fuori una lacrimuccia da un momento all'altro.

Però non vi dico chi erano: io non faccio la spia.

INDICE

Il CAPITANO e la sua nave

DIARIO DI BORDO DI UNA QUARTA ELEMENTARE

p. 7 Il «leggione»

10 Risparmiare

13 Il singhiozzo

16 Il deserto

20 Il cane e l’osso

23 La lavanderia

26 L’armadio

28 Il traghetto

30 I primitivi

33 Cacche e sportine

37 La partita di calcio

41 Lorenzo in palestra

44 I cerchi nell’acqua

47 Danza di Natale

51 Domande vere e domande finte

54 La neve
60 La partita di pallavolo
63 Martedí grasso
68 Errori
72 L'ingiustizia
76 Scacchi e uccellini
79 Il problema
82 La talpa
86 Ritardi e pesci
89 Cimici e rospi
94 Mosche e vespe
98 Colori
101 Il ciliegio pericoloso
104 In mare
107 La cernita del pesce
112 Il plancton
115 Il dito magico
118 La foresta tropicale
121 Il gelato

Finito di stampare nel mese di gennaio 2020
per conto delle Edizioni EL
presso Grafica Veneta S.p.A., Trebaseleghe (Pd)